인간이란 무엇인가

인간이란 무엇인가

— 칸트 3대 비판서 특강

백종현 지음

아카넷

책을 펴내며

이 책을 읽으려는 독자라면 이미 한 번쯤은 칸트 책을 보았을 것이다. 지식인에게 칸트는 읽어내지 않으면 안 될 책무 같은 것을 느끼게 한다. 칸트철학은 현대인의 지적 욕구를 끊임없이 자극한다. 현대 철학의 논의거리 중에서 칸트를 거쳐 나오지 않은 것은 없다 해도 과언이 아니기 때문이다. 그러나 문제는 늘 칸트를 제대로 읽고 이해할 수 있느냐이다. 결코 읽기가 쉽지 않은 것이 칸트의 저술들이다.

글쓴이는 2002년 9월 5일 칸트의 『실천이성비판』 한국어 연구 번역서 출간을 개시한 이래 2014년까지 칸트의 주요 저서 10권을 냈고, 그것을 계기로 몇 분 동학들과 함께 《한국어 칸트 전집》(전24권) 완간 작업에 나섰다.(2018년 현재 11권이 발간되어 있다.) 그간 15년이 넘게 뜻밖에도 많은 독자들이 큰 호응과 함께 성원을 보내주어 이런 일이 가능하게 된 것이다.

번역서가 가질 수밖에 없는 여러 제한점이 있을 것임에도 불구하고, 독일어 독자들조차 그 난해함에 읽기를 멈추고 만다는 칸트 3비판서를 한국어 독자들은 꾸준히 찾아주었고, 몇몇 분

은 오탈자와 함께 오역의 우려가 있는 대목을 적어 보내주어 중
쇄 때마다 역서가 개선되도록 마음을 써 주었다. 그에 대한 감
사의 마음을 담아 칸트 주저를 모두 번역해낸 후에는 독자들
의 이해에 다소나마 도움이 될까 하여, 칸트철학을 핵심 주제별
로 정리한 간결한 책 한 권을 펴내기도 했다. 『칸트 이성철학 9서
5제』(2012)가 바로 그것이다. '참가치의 원리로서 이성'이란 부
제를 단 이 책은 칸트 주저 아홉 권을 진(眞)·선(善)·미(美)·성
(聖)·화(和)의 다섯 가지 주제로 요약하여 해설하고 있다.

지난 2017년 9월에는 아카넷판《한국어 칸트전집》출간 15년
을 기념해 칸트 3대 비판서와 인간학을 담은《특별판 한국어 칸
트선집》(전4권)도 발간했다. 그와 함께 독자들과 대화도 할 겸 3
비판서 주제별 특강의 자리(2017년 9월 12, 19, 26일. 대우재단빌딩
7층 세미나1실)를 가졌다. 대략 80분 정도를 예상했는데 첫날에는
129분이나 찾아주셔서 자리가 비좁고 혼잡스러워 많이 송구스
러웠다. 그 자리에서의 이야기 주제가 '인간이란 무엇인가?'였다.

통상 인간은 '이성적 동물'로 정의되는데, 그렇기에 인간 고
찰에서는 인간의 '이성성'과 함께 인간의 '동물성' 그리고 이 두
특성 간의 충돌이 문제가 되거니와, 칸트의 철학도 이를 주제로
삼고 있다. 그래서 칸트적 이성의 모든 관심은 다음의 세 물음
을 향해 있다.

1. 나는 무엇을 알 수 있는가?

2. 나는 무엇을 행해야만 하는가?

3. 나는 무엇을 희망해도 좋은가?(『순수이성비판』, A805=B833)

인간 이성의 모든 관심사를 수렴하여 일단 이렇게 세 물음으로 정리한 칸트는 이것들에 이어 "4. 인간은 무엇인가?"라는 물음을 덧붙이고, 앞의 세 물음에 대한 답을 통해 이 마지막 물음의 답을 얻을 수 있다고 말한다.(『논리학』, A25=IX25 참조)

첫째 물음은 '순전히 사변적'인, 곧 '진리'에 대한 것으로, 이 물음에 대한 탐구가 『순수이성비판』(1781/1787)으로 결실을 맺어, 인간의 참다운 대상 인식(자연과학적 지식)의 가능 원리인 인간의 선험적 의식의 초월성을 밝혀내기에 이른다.

둘째는 '순전히 실천적'인, 곧 그 자체로 '선'한 것에 대한 물음으로, 3비판서 중 『실천이성비판』(1788)은 이 물음에 대한 탐구의 결과를 담고 있다. 그것은 곧 인간이 존엄한 근거인 인간 실천이성의 자율성을 천착한 것이다.

셋째 물음은 "무릇 내가 행해야 할 것을 행한다면, 나는 그때 무엇을 희망해도 좋은가?"를 묻는 것으로, 이 "물음은 실천적이면서 동시에 이론적"(『순수이성비판』, A805=B833)이다. 그것은 실현될 수 있는 최고선을 겨냥한 것으로서, '최고선'은 실천적인 것 및 도덕법칙과 관계되면서도 이 세계 즉 자연 안에서 실현되어야 하는 것이므로 '사물들의 이론적 인식'과 밀접한 관련이 있기 때문이다. 그래서 이 물음은 결국은 "종교"(『논리학』,

A25=IX25)의 문제가 되는바, 인간의 희망은 최고선의 실현인데 그것은 신의 도움으로만 달성될 수 있는 것이기에 그러하다. 이러한 논변의 일단을 우리는 제3비판서인 『판단력비판』의 후반부에서 읽을 수 있다.

2017년 9월 《한국어 칸트전집》 출간 15년 기념 강연 자리에도 이미 많은 분들이 동석해주셨지만, 사정상 참석하지 못하신 독자들에게도 같은 내용을 들려드리고자 아카넷 편집부에서 강연 내용을 녹음하였고, 이제 그것을 문자로 전환하여 이 책을 만들었다. 기념 강연의 취지도 그러했지만 이 책 또한 칸트 주요 저서를 이미 어느 정도 읽어 칸트가 생소하지 않은 독자와 함께 대화하기 위한 것이다. 그러나 미처 칸트 3비판서를 접하지 못한 독자에게는 이 간략한 책자가 3비판서로 나갈 계기가 될 것을 희망한다.

제1강 『순수이성비판』에서는 칸트의 '코페르니쿠스적 전환'의 의의와 이 사고 변혁의 결실인 그의 초월철학의 대강이, 제2강 『실천이성비판』에서는 정언명령으로서의 도덕법칙의 의의와 그에 근거한 인간의 존엄성이, 제3강 『판단력비판』에서는 미적 쾌감의 특성과 합목적적 사유의 전형인 칸트의 '최고선' 개념이 강의의 주요 주제인데, 매회 강의 말미의 질의응답 시간에는 아카넷판 칸트전집에 새롭게 등장한 번역어 '초월적(transzendental)'과 '윤리(Sitten)' 그리고 '흡족(Wohlgefallen)'

에 대한 해설과 주제에 대한 보충 논변이 있었다. 3강을 모두 마친 후의 종합토론 시간에는 칸트에서 지(知)·정(情)·의(意)의 세 마음 작용의 선험적 원리인 자발성(Spontaneität)·자기자율(Heautonomie)·자율(Autonomie)과 칸트철학의 현대적 의의에 관해 동석자들과의 진지한 토론이 있었다. 칸트 3비판서가 지닌, 여전히 우리에게 유효한 주요 주제를 천착하면서 비판철학의 정수에 이르려 한 우리의 시도에, 대체 "인간이란 무엇인가?" "인간은 무엇이어야 하는가?" 하는 물음을 심중에 품은 독자도 이제 동참할 것을 기대한다.

이 작은 책자에도 많은 분들의 노고가 서려 있다. 기념 강연 자리에서 함께 대화를 나누어주셨던 분들, 녹음 내용을 문자로 전환하는 데 정성을 다하신 손태현 선생님, 그리고 아카넷의 김정호 대표님과 김일수 팀장님, 정민선 선생님의 노고가 없었더라면 낼 수 없는 책이었다. 내 딴에는 주의를 다한다고 하는 데도 책을 내고 나면 미진한 바가 뒤늦게 발견된다. 이번에도 독자들의 혜량과 지도편달에 힘입어 개선의 기회를 얻을 것이기에, 성원하시는 독자들께도 미리 감사의 인사를 올린다.

2018년 10월

정경재(靜敬齋)에서

백종현

차례

'칸트철학' 으로
들어가기

칸트, 1790년대(작가 미상)

일러두기

이 책에서 칸트 원저술을 인용할 때에는 축약된 제목이나 해당 절을 쓰고, 칸트 원저 초판(A)이나 재판(B)의 면수와 함께 학술원판 전집(AA)의 권수에 이어 면수를 제시한다. 인용된 칸트 원 저술의 완전한 제목과 그 목록은 책의 말미 [참고 문헌]에 싣는다.

칸트는 누구인가

임마누엘 칸트(Immanuel Kant)는 철학사에 등장하는 주요 철학자들 가운데 최초의 직업 철학자이다. 고대와 중세에서는 말할 것도 없고, 근대에서도 데카르트(R. Descartes, 1596~1650), 스피노자(B. Spinoza, 1632~1677), 라이프니츠(G. W. Leibniz, 1646~1716), 로크(J. Locke, 1632~1704), 버클리(G. Berkeley, 1685~1753), 흄(D. Hume, 1711~1776) 등 그 누구에게도 철학이 직업의 소재가 아니었다. 칸트는 철학을 취미나 여분으로 하는 '아마추어'가 아니라, 말하자면 우리가 만나는 첫 번째 '프로' 철학자이다. 46세가 되어서야 가까스로 '프로'라는 명칭에 걸맞은 수입을 얻게 되기는 했지만 말이다.

칸트는 1724년 4월 22일 새벽, 동(東) 프로이센(Preußen)의 항구 도시 쾨니히스베르크(Königsberg. 1946년부터는 러시아의 칼리닌그라드(Kaliningrad, Калининград))에서 소박한 수공업자(馬具師)인 아버지와 경건주의 신앙이 독실한 어머니의 아홉 자녀 중 넷째로 태어났다. 그는 만년에 한 편지에서 자기의 부모에 관하여 다음과 같이 술회하고 있다.

"(수공업자 출신인) 나의 양친은 재산은 아무것도 남겨주지 않았지만 성실, 예의범절, 규범의 면에서는 모범적인 교육을 해주셨습니다. 양친의 교육은 도덕적인 점에서 볼 때, 그 이상 좋을 수가 없는 것이었습니다. 나는 나의 양친을 회상할 때마다 감사하는 마음이 가득합니다."(K. Vorländer, *Immanuel Kant − Der Mann und das Werk*, S. 18 참조)

칸트는 "부모에게서 어떤 야비한 말도 듣지 못했고, 어떤 천박한 일도 보지 않았다."(L. E. Borowski / R. B. Jachmann / A. Ch. Wasianski, *Immanuel Kant − Sein Leben in Darstellungen von Zeitgenossen*, S. 13)고 했다. 그의 부친은 공명하고 곧은 성품이었고, 근면과 정직을 최고의 덕으로 여겨, 이런 덕을 가족들에게 가르쳤다. 그의 어머니는 상식이 풍부했고 심정이 고결했으며, 열성적이나 광신적이지는 않은 종교심을 지녔었다. 어머니는 칸트를 데리고 교외로 나가서 대자연과 접하도록 하였고, 익초(益草)를 구분할 수 있게 했으며, 천체에 관한 이야기를 들려주었고, 신의 섭리를 일러주었다. 칸트는 인격 형성에서나 유약

한 체질에서나 부친보다는 모친으로부터 더 많은 영향을 받았던 것으로 보인다. 그는 80세에 가까이 이르러서도 측근들에게 모친에 대한 사모의 정을 다음과 같이 피력하였다 한다.

"나는 결코 어머님을 잊지 못하겠다. 내 마음에 처음으로 선의 싹을 심어서 가꾸어주신 분이 바로 내 어머님이었다. 어머님은 자연의 신비를 느끼는 내 마음의 문을 열어주셨고, 내 지식을 일깨워서 넓혀주셨다. 어머님의 교훈은 일생 동안 끊임없이 거룩한 감화를 주었다."(L. E. Borowski / R. B. Jachmann / A. Ch. Wasianski, *Immanuel Kant — Sein Leben in Darstellungen von Zeitgenossen*, S. 162 이하)

그런데 칸트는 훌륭했던 어머니를 그의 나이 겨우 13세(1738)에 잃고 말았다(어머니는 당시 40세). 그는 1730년(6세)부터 학교 교육을 받기 시작했는데, 중고등학교('Collegium Fridericianum') 시절에는 특히 고전 라틴어에 심취했다. 1740년(16세)에 쾨니히스베르크 대학(현재의 '임마누엘 칸트 대학'과는 다름)에 입학하여 철학, 수학, 자연과학을 폭넓게 공부하였다. 1746년(22세) 부친마저 세상을 떠난 해에 그는 『활력의 참측정에 관한 견해 (*Gedanken von der wahren Schätzung der lebendigen Kräfte*)』(1747)라는 논문으로 일단 대학을 졸업하고, 이후 9년간(1755년까지) 생계를 위하여 쾨니히스베르크 시 근교의 가정들을 전전하며 가

정교사 생활을 하였다.

1755년(31세) 7월에 학위 논문 「불에 대하여(Meditationum quarundam de igne succincta delineatio)」를 제출하고, 같은 해 9월에는 강사 자격 취득 논문 「형이상학적 인식의 제1 원리들에 대한 신 해명(Principiorum primorum cognitionis metaphysicae nova dilucidatio)」과 「물리적 단자론(Metaphysicae cum geometria iunctae usus in philosophia naturali, cuius specimen I. continet monadologiam physicam)」이 통과하면서 사강사(私講師)가 되어 철학, 자연과학, 자연지리학, 신학 등을 강의하였다.

1764년(40세)에 '시학' 교수 자리를 제의받았으나, 자신의 전문 분야가 아니라는 이유로 거절하고, 그 대신 1765년에 시에 있는 왕립 도서관의 부사서(Unterbibliothekar)직을 맡아 생전 처음으로 고정 수입을 얻게 되었다. 1769년에 에어랑겐(Erlangen)과 예나(Jena) 대학으로부터 정교수 초청이 있었지만, — 45년이나 살던 도시를 떠나는 것도 싫고 조만간 모교에서 교수직을 얻을 것 같은 전망도 보여 — 거절하고 기다렸다가 1770년(46세) 마침내 쾨니히스베르크 대학의 '형이상학과 논리학' 정교수가 되었다. 1770년 3월 31일 프리드리히 2세 내각의 교수 임용 결정에 따라 5월 2일에 교수직에 취임하고, 8월 24일에 교수 취임 논문 「감성세계와 예지세계의 형식과 원리들(De mundi sensibilis atque intelligibilis forma et principiis)」을 발표하였다.

쾨니히스베르크(현재 칼리닌그라드)에 있었던 칸트의 저택. 1844년경에 그려진 그림

칸트 시대의 사회상

칸트가 교수생활을 시작한 1770년대 독일은 신성로마제국이라는 느슨한 울타리 안에 적어도 35개국 이상의 나라가 있었고, 그중 외스터라이히(Österreich: 오스트리아) · 프로이센(Preußen: 프러시아) · 바이에른(Bayern) · 하노버(Hannover)는 왕국이었으며, 1805년에는 뷔르템베르크(Württemberg)도 왕국이 되었다. 이 가운데 남쪽의 오랜 세력 외스터라이히와 더불어 북쪽의 신흥 세력 프로이센이 차츰 유럽 다섯 열강 중 하나로 부상했고, 이 양

자 간의 주도권 다툼도 그에 비례해 격렬해졌다.

외스터라이히는 마리아 테레지아(Maria Theresia, 재위: 1740~1780) ─ 요제프 2세(Joseph II., 재위: 1765~1790) ─ 레오폴트 2세 (Leopold II., 1790~1792) ─ 프란츠 2세/1세(Franz II./I., 신성로마제국 황제 프란츠 2세로서 재위: 1792~1806; 외스터라이히 황제 프란츠 1세로서 재위: 1804~1835)로 이어지는 치세 동안 번영과 위축을 번갈아 가면서 유럽 역사의 중심에 서 있었다. 19세기 초 유럽 전쟁의 와중에 나폴레옹(Napoleon Bonaparte, 주활동기: 1796~1815)에 의해 신성로마제국의 종식을 강요당한 프란츠 2세는 1804년에 세워진 외스터라이히제국 황제 프란츠 1세로 즉위하고 1815년에는 메테르니히(Klemens Metternich, 1773~1859) 복고체제를 구축했지만, 민주시민혁명의 기류는 점차 고조되어갔다.

프로이센은 계몽절대군주 프리드리히 2세(Friedrich II.: 프리드리히 대왕, 재위: 1740~1786) ─ 프리드리히 빌헬름 2세(Friedrich Wilhelm II., 재위: 1786~1797) ─ 프리드리히 빌헬름 3세(Friedrich Wilhelm III., 재위: 1797~1840)의 치세 기간에 개혁과 반동을 오가면서 독일 통일의 주축으로 성장하였다.

근대사회를 특징짓는 계몽주의는 종전에 신의 이성이 있던 자리에 인간의 이성을 놓고, 합리성의 근거를 계시 대신에 인간의 논리적 사고와 경험에서 찾았다. 계몽주의의 정점기인 1770~1810년대는 유럽 사회가 산업혁명에 의한 경제적 비약을 기반으로 군사적 힘을 갖추어 역내의 열강이 각축하면서 그 위세를 세계에 떨치기 시작한 시기이다. 영국은 일찍이 명예혁명(1688)과 로크의 『통치론』(1689)을 통해 제도적으로 이론적으로 대의제 시민사회를 구현하는 한편, 흄의 『인성론』(1739/40)을 통해 인간의 논리적 능력과 경험의 힘을 확인하고, 사회적 변화에 능동적으로 대처해 산업혁명을 성취해냈으며, 그 여세를 몰아 애덤 스미스(A. Smith, 1723~1790)의 『국부론』(1776)에서 표출된 '보이지 않는 손'의 합리성을 내세워 세계경영에 나섰다. 같은 정신을 넘겨받은 신세계 미국은 독립선언(1776)과 함께 인류사상 최초의 헌법국가 수립(1788)을 이루어냈다. 몽테스키외(Ch. de Montesquieu, 1689~1755)의 『법의 정신』(1748)과 루소(J.-J. Rousseau, 1712~1778)의 『사회계약설』(1762)로 대변되는 프랑스의 계몽사상 또한 프랑스대혁명(1789)으로 발양되어 특히 정치영역에서 큰 결실을 거두었고, 나폴레옹을 통해 자유·평등·우애의 정신을 전 유럽에 확산시켰다. 그러나 빛이 밝으면 그림자도 짙은 것이 상례이니, 이 시기 유럽 열강의 다툼은 국제 간의 긴장을 고조시켰으며, 유럽 사회의 급속한 산업화와 사유재산제도의 정착은 극심한 사회적 갈등을 낳았다.

독일은 근대사회의 문을 연 활자인쇄혁명(1450)과 종교개혁(1517)의 발원지임에도 불구하고 정작 정치적으로는 오랫동안 구제도에 머물렀고, 산업사회로의 진입 또한 더뎠다. 계몽정신의 확산이 뒤늦은 독일 지역에서 계몽주의는 초기에 '위에서 아

프리드리히 대왕의 청동 기마상(베를린 훔볼트 대학 앞) 중단 서쪽 면에 있는 6명의 '평화영웅' 청동상. 맨 오른쪽에 칸트가 있다.

래로' 내려가는, 그러니까 왕이 앞장서서 아직 '시민화'되지 못한 민중을 '계몽'하는 형태를 띠었고, 그렇기 때문에 그것은 정치혁명의 원리가 아니라, 선진국 영국과 프랑스를 따라잡으려는 강력한 국가 건설의 동력으로 사용되었다. 프로이센을 열강의 대열에 세운 프리드리히 대왕을 '계몽절대군주'라고 칭하는 데서도 알 수 있듯이, 독일의 계몽주의는 자유주의적이라기보다는 오히려 절대주의적이었고, 그러니까 덜 계몽주의적인 군주가 등장했을 때는 관념론적, 이상주의적으로 흘렀으니, 사람들은 실현할 수 없는 것을 꿈에서 완성하고자 했다. 그래서 질풍노도(Sturm und Drang)의 시기(대략 1767~1785)를 거치면서 독일 계몽주의·낭만주의·이상주의 사조는 정치 경제의 국면에서 보다도 먼저 철학, 문학, 음악 등의 분야에서 두드러진 성과를 낳았다.

계몽주의는 '신적'인 것 대신에 '인간적'인 것을 가치척도로 내세우면서 출발하였고 시대적 공감을 얻었다. 그러나 '신'은 순수한 이성적 존재자로 여겨진 반면에 인간은 물리적-생리적 신체를 가진 이성적 존재자인 것이 광범위하게 납득된 마당에서 '인간적인 것'이 무엇인가에 대해서는 의견이 분분하였다. 이때에 감성적 존재자이자 이성적 존재자인 인간의 이중성으로 인해 근대 감각경험주의 사조와 이성주의가 나왔는데, 독일 지역의 계몽주의는 프랑스적 이성주의와 영국적 감각경험주의의 지대한 영향 속에서 스스로를 차별화함으로써 독자성을 확보하면서도 이성적 가치를 그 중심에 두었다. 그렇기 때문에 독일의 철학적 계몽주의는 문학과 음악에서와 마찬가지로 일단 고전주의 형태를 띠었다. 그러나 신(神)이성주의와 달리 인간이성주의는 '인간의 한계' 넘어서의 것에 관해서 발언하는 것을 비합리적인 것으로 규정한다. 또한 이성주의는 비정형, 특이한 감성, 환상의 세계를 도외시한다. 그렇기에 독일 문화계가 1800년을 전후해서 이성주의적 계몽주의에서 낭만주의적 풍조로 확연히 넘어간 것은 인간의 다른 측면의 욕구의 분출로 볼 수 있다. 어떤 고정적인 원리에 매이지 않으며 시작과 끝, 진리와 허위의 분간을 절대화하지 않고, 그러면서도 무한자·절대자·영원·이상을 추구하고, 한 계기에서 세상의 모순들을 단번에 지양하는 영웅을 동경하고, 우연성을 포섭하고, 신비한 세계를 꿈꾸고, 무정형의 카오스를 예찬하고, 감성과 정감을 중시하고, 그래서 보편적 양식보다는 독창적인 표현 방식에 가치를 두는 낭만주의는 그래서 낙관주의로도 나갔고, 정반대로 염세주의로도 나갔으며, 영웅주의, 남성주의로도 나갔고, 탐미주의, 여성주의에도 이르렀다. 그러니까 이성적 계몽주의를 '모던'의 정형으로 본다면, 독일 계몽주의-이성주의-낭만주의는 벌써 '포스트모던'의 형태를 띠었다.

이성주의적 계몽주의, 곧 합리주의의 정점에 칸트철학이 있다면, 칸트적 합리주의와 낭만주의가 합류하는 지점에서 헤겔로 대표되는 독일 이상주의 철학이 형성되었다. 칸트를 '모던'에 위치시키면, 헤겔에서는 — 놀랍게도 — 이미 '포스트모던'의 징후를 읽을 수 있는 것이다. 낙관주의든 염세주의든 합리주의를 이탈하기는 마찬가지이다.

인간의 '현실'(現實, Wirklichkeit)이 인간이 놓여 있는 지금의 내용, 인간이 실제 생활에서 활동한 결실이라 한다면, '이상'(理想, Ideal)은 인간이 살고 있는 현재의 내용이 아니면서, 그러니까 인간의 활동 영역 너머에 있으면서 인간의 활동의 지향점이 되는 것이다. 인간에게 이런 이상이 있다는 것은 인간이 현실에서 한계를 자각하고 있음과 아울러 이 한계를 극복할 가능성을 가지고 있음을 말해주지만, 한계의 자각은 고통이기도 하고 또한 한계의 극복은 말할 수 없는 인내와 노고를 요구한다. 그럼에도 인간은 운명처럼 현실을 이상에 견주며 이상의 현실화(실현)에 골몰한다. 정치 활동도 그러하고 과학 활동도 그러하며, 시작(詩作)도 그러하다. 그리고 모든 반성적 활동의 모태인 철학적 탐구도 그러하다. 여러 가닥의 철학적 탐구 가운데에서도 인간 현실의 의미 천착과 이상 실현의 열망에 한 세대의 열정이 어우러져 탁월한 결실을 거둔 것이 '독일 이상주의 사조'이다.

독일 이상주의 철학 사상은 인간 정신의 최고의 합리성에 어느새 낭만성이 깃들어 있음을 보여줌으로써 인간이 끊임없이 세상사를 보편적으로 이성화하면서도 이성 너머의 무한자를 동경하는 이중적 정신 존재자임을 증명한다. 그것은 바로 인간이 현실과 이상을 화해 내지는 합치시키려 부단히 기투(企投)하는 존재임을 보여준다. 독일 이상주의 철학은 근대과학을 통해 밝혀지는 물리적 세계의 수학적 합리성을 승인하면서도 그것이 보편성을 갖는 것은 인간 이성에 기반하고 있기 때문임을 해명하는 한편, 한갓 자연세계가 아닌 인간세계 곧 도덕 세계를 가능하게 하는 인간의 실천적 자유의지와 그를 매개로 자연에 현재(顯在)하는 신성(神性)을 통찰한다.

그렇기에 오늘날 우리가 보편적 진리로 납득하는 과학·기술에 근거한 도구적 합리주의, 이에 대응하는 개별 주체주의, 개별 주체성이 함의하는 상대주의, 이로부터 불가불 파생하는 비

(非) 또는 탈(脫)합리주의 그리고 탈주체주의의 와중에서도 인간이 여전히 공동체를 유지하고, 인간이 단지 여느 자연물처럼 단지 자연법칙에 따라 움직이는 사물이 아니라 '인간 완성'을 통해 자연을 완성한다는 이상을 가진 인격적 존재자임을 천명하려 할 때, 독일 이상주의는 그를 위한 귀중한 자료가 된다.

그의 전성기에 고전주의적 사고의 전형을 보여준 칸트는 말년에 이르러 차츰 부상하는 독일 이상주의의 경향에 맞닥뜨려야 했고, 그의 저작들은 이러한 그의 사념의 자취를 담고 있다.

칸트철학, 철학의 대명사가 되다

━━━

교수 취임 후 칸트는 거의 모든 사교 생활에서 물러나 연구 활동에 몰두하여 1781년(57세)에 대저 『순수이성비판(*Kritik der reinen Vernunft*)』을 출간하고, 1783년에 『[모든 장래의] 형이상학[을 위한] 서설(*Prolegomena zu einer jeden künftigen Metaphysik*)』, 1785년에 『윤리형이상학 정초(*Grundlegung zur Metaphysik der Sitten*)』, 1788년에 『실천이성비판(*Kritik der praktischen Vernunft*)』, 1790년에 『판단력비판(*Kritik der Urteilskraft*)』, 1793년에 『(순전한) 이성의 한계 안에서의 종교(*Die Religion innerhalb der Grenzen der bloßen Vernunft*)』, 1797년(73세)에 『윤리형이상학(*Die Metaphysik der Sitten*)』 등 역저를 잇따라 출간함으로써 '칸트철학'

은 철학의 대명사가 되었다. — 어떤 이들은 "칸트 이전의 모든 철학 사상이 칸트에 모였고, 칸트 이후의 모든 철학 사상이 그에게서 흘러나왔다."라고 말하고, 또 어떤 이들은 "칸트를 추종하거나 비판하면서 철학할 수는 있어도, 칸트를 모르고서는 철학할 수 없다."고 말하는데, 이로써 사람들은 칸트철학이 철학사의 중심에 놓여 있음을 표명하고 있는 것이다.

칸트는 1786년과 1788년 두 차례에 걸쳐 대학 총장을 역임하였고, 1787년(63세)에는 가난에서 벗어나 자기 집을 소유하게 되었다. 그러나 경제적으로 안정된 생활을 하게 되었을 때는 이미 결혼 적령기를 넘겨 평생 독신으로 지냈다. 1804년 2월

칸트의 묘소(쾨니히스베르크 교회 후면)

12일 80세 생일을 두 달 가량 앞두고 세상을 떠났는데 임종 직전 물에 탄 포도주를 조금 입에 댄 후, "좋아, 그만!(Es ist gut!)"이라는 마지막 말을 남겼다 한다. 엄동설한으로 2월 28일에야 장례가 거행되었으며, 그의 유해는 대학 묘지에 묻혔다. 1880년에 인근 교회 묘지로 이장되었다가, 탄생 200주년이던 1924년 쾨니히스베르크 교회의 '칸트 주랑(Stoa Kantiana)', 지금의 장소에 안장되었다.

1904년 그의 100주년 기일에 사람들은 "내 위의 별이 빛나는 하늘과 내 안의 도덕법칙(der bestirnte Himmel über mir und das moralische Gesetz in mir)"이라는 『실천이성비판』의 결론 장의 한 구절을 새겨 넣은 기념 동판을 쾨니히스베르크 성곽에 부착하여 그를 기렸는데, 1945년에 원래의 동판이 유실되어 1994년 허물어진 쾨니히스베르크(칼리닌그라드) 옛 성곽의 모서리에 독일어-러시아어로 같은 글귀가 새겨진 현재의 동판을 다시 부착했다. 독일인 칸트는 생전에도 쾨니히스베르크가 러시아에 의해 점령당했던 수년 동안 러시아 신민이었던 적이 있는데, 2차 세계대전 후 쾨니히스베르크가 소비에트 연방에 양도됨에 따라 현재 사람들은 그의 묘소와 기념품, 기념관을 러시아 영역에서 찾아볼 수 있다.

한국어로 칸트 읽기

근 50년 칸트 저술을 독해하고, 다수의 칸트 책을 번역하고, 그런 사이 지금은 '한국어 칸트전집 편찬자'가 되어 있지만, 내가 처음부터 전집을 낼 생각으로 칸트 번역을 시작한 것은 아니다. 나의 칸트 공부를 위해 주요 저작을 한 권 한 권 번역하다 보니 점점 규모가 커져갔다. 칸트의 주저 번역을 끝냈을 때는 의무감도 없지 않았다. 내친김에 칸트의 모든 저작을 번역해볼까? 일본과 중국에서도 이미 칸트 전집이 출간되었는데…. 한국어 칸트학도로서 이것도 책무가 아닐까…. 마침내 이런 생각에 이르렀다. 1988년부터 칸트 번역을 해오면서 지녀온 원칙(생각)이 있었다. 그 이야기부터 시작해볼까 한다.

칸트 번역, 칸트 이해의 길

▬

집집마다 자동차를 소유하고 있는 시대이다. 그런데 유심히 보면 세계 여러 나라 중 자기 나라 차, 즉 국산 자동차를 가지고 있는 나라는 몇 나라 되지 않는다. 스마트폰은 또 어떤가? 생활필수품이 된 지 오래지만, 세계적으로 자기 나라에서 만든 스마트폰을 사용할 수 있는 나라 역시 많지 않다. 다행히 우리나라는 자동차도 만들고 스마트폰도 만드는 나라이다. 비록 우리나라가 그 원천기술을 개발하지는 않았지만 우리가 만드는 자동차나 스마트폰은 세계 최고이거나 맞먹는 수준에 올라 있다. 창의적인 기술을 개발하는 것 못지않게 그 기술을 받아들여 뛰어난 제품을 만들어내는 것도 결코 낮게 평가할 일이 아니다. 사상도 이와 마찬가지이다. 하나의 사상을 만들어내는 것과 그 사상을 수용하여 발전시켜나가는 것은 모두 가치 있는 일이다.

사람들은 칸트가 외국 사람 아니냐고 하고, 그래서 칸트 사상을 외국 것, 남의 것이라고 일축할 수도 있다. 칸트 역시 당시 저술을 할 때에 200여 년 후 한국에서 자신의 책이 한국어로 번역이 되고, 대학 철학과의 필독서가 되고, 일반 시민을 위한 교양 강좌의 교재가 될 것이라고는 전혀 생각지 않았을 것이다. 여담이지만 칸트는 한국이라는 나라가 있는지도 몰랐다. 칸트는 중국이나 일본에 대해서는 여러 번 언급을 하는데 한국에 대해서는 언급한 적이 없다. 아마도 몰랐거나 전혀 관심이 없었을 것이다. 그런데 왜 우리가 지금 그의 사상을 알려고 하는가? 당사자는 한국의 존재를 알지도 못했는데…. 이런 점을 속상해할 독자도 있을 것이다. 그러면 유교는 어떠한가? 불교는 또 어떠한가? 석가모니 부처님이 한국을 알았을까? 불교도 외래 사상이기는 마찬가지이다. 유교도 한국이 발상지가 아니다. 문명 일반이 그러하듯이 사상은 먼저 개화한 쪽에서 형성되어 이웃으로 퍼져나가게 되어 있다. 그리고 그것을 받아들이는 쪽에서는 다시 발전을 시켜 활용하게 된다. 따라서 그 사상이 어디에서 온 것이냐 못지않게 그 사상을 어떻게 꽃피워내느냐도 중요한 일이다. 독일도 마찬가지였다. 독일철학 하면 칸트를 떠올리지만, 칸트가 고전 공부 없이 모든 것을 지어낸 것이 아니다. 그리고 칸트가 공부한 고전은 대부분 외국어로 된 것이어서 번역한 것이다. 칸트철학도 고전 번역에 바탕을 두고 있다.

독일어가 문화어로 성장한 과정부터가 그러하다. 독일어라고 하는 언어는 루터(M. Luther, 1483~1546)의 성서 번역에서 시작해 오늘날의 근대 독일어로 정착되었다. 루터는 1522년부터 1534년까지 12년에 걸쳐 종래의 그리스어, 히브리어, 라틴어 성서를 독일어로 완역했다. 칸트도 자기 저작에 성서를 인용할 때에는 루터가 이때 번역한 성서를 이용하고 있다. 독자들이 칸트 책 안에서 인용문을 접하는 성서는 현대의 성서가 아니다. 루터가 번역한 성서이다. 칸트가 루터의 성서 번역을 가져다 썼기 때문에 장, 절이 현대의 성서와 약간 다를 수 있다.

성서 번역 다음으로 독일어 사전이 만들어진다. 현대 독일어 정착의 밑거름이 된 최초의 독일어 사전을 만든 이는 칸트와 동시대인 아델룽(Johann Christoph Adelung, 1732~1806)이다. 그는 제대로 된 『표준 독일어 사전(Grammatisch-kritisches Wörterbuch der hochdeutschen Mundart)』을 1774년부터 시작해 1786년에 이르러 마침내 다섯 권으로 완성한다. 칸트가 남긴 의미 있는 철학 책들이 집필되고 출판된 시기가 바로 이때이다. (칸트의 주요 저

1774년에 나온 표준 독일어 사전의 속표지. 왼쪽에 아델룽의 초상화가 있다.

술은 1770년부터 1803년에 걸쳐 나왔다.) 한국 역사에서 보면 이 시기는 조선의 정조 재위 기간이다. 정조가 왕위에 있던 기간이 1776년부터 1800년까지였다. 칸트가 학문적으로 활동을 하던 시기와 조선의 정조 임금이 통치하던 때가 대체로 일치하는 것이다. 그러니까 연배로 따지자면 연암 박지원(1737~1805)이 칸트(1724~1804)와 같은 시기에 살았고, 다산 정약용(1762~1836)은 칸트의 30~40년 후배로 헤겔(G. W. F. Hegel, 1770~1831)과 거의 동시대에 살았다. 칸트와 연암, 헤겔과 다산을 비교해보면 당대 독일과 한국의 지성의 차이, 문화 수준을 어느 정도 가늠할 수 있다.

아델룽의 사전이 나오고 괴테(J. W. Goethe, 1749~1832)와 실러 (F. Schiller, 1759~1805)가 문학적 성취를 이루자 독일어는 일약 문화어가 되었다. 그때 그것을 세상에 증명하는 기념비적인 『독일어 사전(Deutsches Wörterbuch[DWB])』이 나왔으니, 이 사전은 지금도 독일이 자랑스럽게 생각하는 국보급 사전이다. 『동화책 (Kinder-und Hausmärchen)』으로 유명한 그림 형제(Grimm, Jacob: 1785~1863; Wilhelm: 1786~1859)가 이 사전을 만든 주인공이다. 그림 동화책 하면 모르는 사람이 있을 수 있지만, '백설공주'를 모르는 사람은 없을 것이다. 바로 그림 형제가 수집한 동화 중 대표적인 작품이 '백설공주'이다. 그림 형제는 독일어 문법 체계를 세우는 등 매우 유능한 학자였는데 정치적인 문제로 대학에서 쫓겨나게 되었다. 그러자 라이프치히의 한 출판사가 후원자로 나섰고, 출판사에서 급여를 받으면서 동화집을 보완 편찬하고, 이어서 '루터에서 괴테까지' 사용된 모든 독일어 어휘를 수집 정리한 독일어 사전 편찬에 착수했다(1852). 그림 형제는 처음에는 10년이면 될 것으로 생각하고 작업을 시작했다 한다. 그러나 작업이 쉽지 않았는지 1854년에 제1권을 낸 후 이들이 죽을 때까지 알파벳 아(A) 베(B) 체(C) 데(D) 에(E)와 에프(F) 일부분까지 진척을 보았을 뿐이다. 그것이 훗날 전체 32권으로 완성되었다. 수많은 사람의 손과 머리를 거쳐 1961년에야 완성이 되었으니 127년이 걸린 셈이다. 그림 형제가 시작한 독일어 사전 편찬 작업이야말로 독일어의 성장에 얼마나 많은 이들의 노고와 열성이 어우러졌는지를 잘 보여주고 있다.

사전 이야기가 나왔으니 한국어 성장 과정도 한번 돌아보기로 하자. 최초의 현대 한국어 사전은 언제 어떻게 나왔을까? 이 문제에 앞서 분명하게 해둘 것이 있다. 많은 이들이 한글과 한국어를 혼동한다. 한글이 곧 한국어라고 생각하는 경우가 많다. 엄밀하게 말하면 한글은 한국어를 표기하는 문자이다. 영어로 치면 알파벳인 것이다. 만약 한글이 곧 한국어라고 생각하면 영어, 독일어, 프랑스어는 다 같은 언어라고 해야 할 것이다. 알파벳을 공유하면 동일한 언어가 되는 것인가? 언어는 말과 글로 되어 있다. 한국어는 아주 오래전부터 있었던 것이고, 그 한국어를 글자로 표기할 때 과거에는 한자나 이두 등으로 표기했다. 고려 시대나 고구려, 백제, 신라 때 작성되어 지금 우리에게 전해져 오는 문서는 거의 다 한문으로 되어 있다. 그러나 그것들은 중국어 문서가 아니다. 이렇게 한국어를 한자로 표기해 오다가 세종대왕이 한글을 만들면서 그때(1443)부터 한글 표기가 시작되었다. 하지만 그 후에도 대부분의 학자들은 한글을 사용하지 않았다. 여전히 한자를 사용했다. 그러다가 마침내 주시경 (1876~1914) 선생이 체제를 갖춘 『국어문법』을 낸 것이 1910년이다. 그 후 심의린(1894~1951)이라는 분이 『보통학교 조선어사전』을 만들었는데, 1925년의 일이다. 당시는 일제강점기였기 때문에, 한국어 사용이 제한적이었다. 그래서 한국 고유의 말,

조선어를 어떻게 하면 학교에서 잘 가르칠 수 있을까를 연구해서 책으로 냈다고 한다. 한글학회가 만들어진 후 1929년부터 사전 편찬 작업을 시작했는데 결국은 주요 인사들이 투옥되어 완성을 하지 못했다. 해방 후 사전 편찬이 다시 시작되고 1957년이 되어서야 마침내 한국어 사전을 완성하게 된다. 그러니 한국인이 제대로 된 현대 한국어 사전을 갖게 된 것이 이제 겨우 60년이다.

사상은 언어와 밀접한 관계가 있다. 한국 사상이라고 하는 것은 한국어로 표현이 되어야 한다. 한국 태생의 대철학자가 있는데 미국에 살면서 완전히 한국어를 잊고 영어로 생각하고 영어로만 쓴다면, 그 사람의 사상은 한국 사상이 아니다. 사상은 말에 실려 있다. 사상이 말에 실려 있으니 그 말이 없으면 그 족속의 사상이라고 부를 것이 없다. 이를 반대로 설명하면 이해가 쉬울 것이다. 예를 들어 한국어를 국어로 상용하는 여러분 중 누군가가 칸트가 쓴 독일어 원저를 읽는다 치자. 과연 그 사람이 칸트 책을 독일어로 읽을까? 아니다. 그 사람은 한국어로 읽는다. 눈으로는 독일어를 읽지만 벌써 머릿속에서는 그 독일어에 상응하는 한국어를 찾아서 그 내용을 이해하는 것이다. 물론 독일 사람이라면 그것을 독일어로 읽을 것이다. 미국 사람은 영어책을 영어로 읽는다. 그런데 한국 사람은 영어 글도 한국어로 읽는다. 영어로 쓰인 글에 상응하는 한국어 어휘가 떠올라야지,

다시 말해 번역이 되어야 비로소 그 의미가 머리에 새겨진다. 많은 사람들은 이 사태를 지나쳐버리는 경향이 있다.

그러니까 결국 누군가가 칸트를 한국어로 바꾸는 순간 그것은 한국 사상이 된다. 퇴계 이황이 중국어로 된 문헌을 연구해서 한문으로 글을 썼지만 그것은 조선식 한문으로 표기된 것이다. 퇴계가 중국어로 글을 쓴 것이 아니다. 그러니까 그것도 한국 사상이다. 퇴계 이황을 중국 철학자라고 보는 이는 없다. 퇴계의 글 가운데 아마도 절반 이상이 중국 사람들의 저작을 인용했을 것이다. 그때는 지식재산권이라든가 저작권이라는 것이 없어서 따옴표 사용도 하지 않았다. 저작권이라는 것은 인쇄술이 본격적으로 보급되고 나서야 생긴 것이다. 따라서 그전에는 인용과 자기 말을 굳이 구별하여 적을 필요도 없었거니와, 앎과 지혜가 특정인의 소유라는 생각은 상식에도 맞지 않았다. (식견과 사념이 개인 소유가 되는 문화 행태는 큰 우려를 낳는다.)

대부분의 글 내용이 외국 사상가로부터의 인용문이라고 하더라도 한국어로 새겨 쓴 글이면, 한국 사상을 담고 있는 것이고, 모조리 자기 생각을 풀어낸 것이라 하더라도 한국어 표현이 없으면, 한국 사상이라고 말하기 어렵다. 요컨대 한국어가 남아 있으면 한국 사상은 어떻게든 남아 있을 것이나, 만약에 한국어가 소멸하면 한국 사상 또한 사라질 것이다. 문학도 마찬가지여서 한국어가 없는데, 한국문학이 있을 리 없고, 독일어가 소멸했는데 독문학이 유지될 리가 없다.

학문 연구에서 번역 작업이 중요한 이유도 여기에 있다. (학술) 번역은 외국 사람들의 사상을 한국어로 이식시키고, 한국 사상으로 전환시켜 한국의 사상을 풍요롭게 만드는 작업이다. 예를 들어 한국에 유교나 불교가 안 들어왔으면 지금의 한국 사상이 풍요로웠겠는가? 유교사상과 불교사상의 유입 수용으로 말미암아 한국 사상이 풍요로워진 것이다. 마찬가지로 소크라테스도 들어오고 플라톤도 들어오고 칸트도 들어오고 하면, 그만큼 더 한국 사상이 풍요로워지게 된다. 좋은 물건을 수입해서 쓰게 되면 삶이 풍성해지는 것과 다르지 않다. 스마트폰 제조 기술 면에서 한국이 원조는 아니지만 세계에서 한국 제품이 제일 좋다. 원조는 아니지만 다른 나라에서 처음 개발한 것을 배워서 더 좋게 만든 것이다. 사상도 똑같다. 사상도 원조가 제일

칸트의 식사에 초대받은 사람들. 1892년 되르슈틀링의 그림

좋은 것이 아니다. 서양 사상의 원조는 고대 그리스이지만, 지금의 그리스 사상이 세계 으뜸이라고 할 수는 없다. 원조가 따로 있더라도, 문물을 외부에서 들여오더라도 그것을 가져다 더욱 발전시켜서 사람들의 복지 향상에 잘 활용되도록 펼쳐내는 것이 중요한 것이다.

다시 독일의 칸트 이야기로 돌아가자. 독일어 사전이 나오면서 독일어로 된 문학이 시작됐다. 칸트가 살던 시대에 대표적인 문학가로는 레싱(G. E. Lessing, 1729~1781)이 있다. 괴테와 실러는 칸트의 후배 세대이다. 보통 독일어가 완성된 것은 괴테와 실러 시대에 와서라고 이야기한다. 칸트는 이 사람들보다 앞 시대에 살았으므로 그가 사용한 독일어는 아직 덜 갖춰진 독일어라고 할 수 있다. 더 정확하게 말하면 칸트가 사용한 학문 독일어는 라틴어를 독일어로 번역한 독일어 어휘 위주였다. 즉 칸트의 철학 언어는 '번역 독일어'인 것이다. (이 점에서 나의 칸트 역서나 연구서도 유사할 것 같다. '번역 한국어' 티가 많이 날 것이다. 아마 앞으로 세대가 거듭될수록 칸트의 한국어 번역도 더욱 유연하고 유려해질 것이다.) 칸트를 한국어로 번역하거나 읽을 때에는 칸트 저술이 갖는 이와 같은 특징과 시대 배경을 이해할 필요가 있다. 칸트도 교수 경력에 필수적이던 1770년까지의 저술은 라틴어로 했다. 그러다가 『순수이성비판』(1781)부터는 본격적으로 독일어로 저술했다. 프랑스에서는 데카르트가 그렇게 했고, 영국에서는 로크가 그렇게 했으니, 양국에 비해 독일 문화계의 자국어 상용이 150년, 100년 정도 뒤늦은 것이라 하겠다.

당시의 독일 문화계 사정을 좀 더 살펴보기로 하자. 철학 쪽에서도 칸트보다 약간 앞서 있던 사람들이 독일어로 책을 냈다. 저서도 내고 번역서도 냈다. 그들 중 각각 '독일의 소크라테스', '독일의 흄'이라 지칭되던 두 사람을 소개하겠다.

한 사람은 모제스 멘델스존(Moses Mendelssohn, 1729~1786)이다. 모제스 멘델스존은 유명한 음악가 펠릭스 멘델스존-바르톨디(Felix Mendelssohn-Bartholdy)의 할아버지이다. 모제스 멘델스존은 당시 비단 무역으로 거부가 되었고, 이후 그의 아들들은 은행가가 되었다. 모제스 멘델스존은 유대인이었지만 유대인들끼리만 어울리지 말고 기독교 사회로 나가서 시민들과 화합해서 살자는 운동을 벌였다. 이 점은 독일 역사에서도 매우 중요하게 평가받는다. 그의 아들은 기독교로 개종했고, 그때 바르톨디라는 성을 하나 더 붙였다. 혈통은 유대인인데 기독교인으로 살았다. 그렇게 해서 그의 손자인 대음악가의 이름은 펠릭스 멘델스존-바르톨디가 된 것이다. 독일의 음악사나 사상사에서도 중요하지만 독일 역사에서도 멘델스존 가문은 상당히 중요한 의미를 지닌다.

모제스 멘델스존은 철학사에도 중요한 책을 남겼다. 1767년에 플라톤의 『파이돈』에 관한 해설서 『페돈』을 독일어로 썼는데,

이 저술은 당시 유럽에서 열 개 언어로 번역되었을 정도로 대단히 영향력이 큰 사람이었음을 알 수 있다. 우리는 어떤 사람의 사상이 탁월하고 영향력이 크면 그 사람을 '해동 공자' 식으로 부르는데, 당시 독일에서는 모제스 멘델스존을 '독일의 소크라테스'라고 불렀다고 한다. 레싱이 남긴 걸작 희곡 『현자, 나탄(*Nathan der Weise*)』의 모델이 모제스 멘델스존이라는 것이 정설이다.

그는 칸트와도 관계가 깊다. 칸트는 『순수이성비판』[KrV]을 1781년에 출간했다. 책을 펴낸 출판사는 지금의 라트비아의 수도인 리가(Riga)에 있었고 인쇄소는 라이프치히 인근 할레(Halle)에 있었다. 당시에도 라히프치히는 상업과 은행업뿐만 아니라 출판 인쇄업의 중심 도시였다. 그 라이프치히에서는 부활절 직후에 도서 전시회가 열린다. 출판계에서는 도서 전시회를 매우 중요하게 여기는데 그때도 마찬가지였다. 중요한 책은 매년 부활절 도서 전시회에 출품이 된다. 칸트도 그 전시회에 책을 내놓기 위해 그 시기에 맞춰 책을 출판했다. 그런데 인쇄소가 멀리 있고 교통이 좋지 않았기 때문에 칸트는 자신이 책을 보기 전에 유력 인사들에게 먼저 책을 보내달라고 출판사에 부탁했다. 그중 한 사람이 모제스 멘델스존이었다. 출간된 책을 자신이 보기도 전에 모제스 멘델스존에게 보여서 인정을 좀 받으려고 했던 것이다. 당시 모제스 멘델스존은 베를린에서 활동하던 사상가이고, 칸트는 쾨니히스베르크 대학에 재직하고 있었다. 모제스 멘델스존이 서울에 있다면 칸트는 함흥쯤에 있는 격이었다. 그러니까 서울에 있는 영향력 있는 사람에게 보여 추천이라도 받고자 했던 것이다. 그런데 모제스 멘델스존은 『순수이성비판』을 받아보고도 그에 대해 일언반구도 하지 않았다. 심지어 읽었다는 말조차도 없었다. 칸트는 누구보다도 그의 과업을 수행하는 데 있어서 '가장 중요한 인사'로 생각한 당대의 인기 계몽주의 철학자 모제스 멘델스존의 냉담한 반응에 '몹시 불편해'했다.

『순수이성비판』이 나온 이듬해(1782) 1월에야 《괴팅겐 학보 별책》에 책의 서평이 실리게 된다. 그 서평을 본 칸트는 허술한 평가에 대해 격앙했다. '이 사람들은 내 책을 본 것이 아니라 책장만 넘겼다'라고 생각한 칸트가 화가 나서 쓴 책이 바로 『형이상학 서설』[Prol]이다. (1739년부터 발간한 《괴팅겐 학보》는 대단히 수준 높고 방대한 학술저널[서평전문지]이었다. 나 역시 처음 조사해 알게 되었을 때 수록된 방대한 정보량에 깜짝 놀랐다. 《괴팅겐 학보》는 격주로 발간되었는데 주로 서평만 실었다. 거기에 매호 200~300권의 신간 도서에 대한 서평을 각각 4~5면 분량으로 싣는다. 그리고 그것을 당시 독일 지식인들에게 보냈다. 모제스 멘델스존의 『페돈』도 금방 열 개 유럽어로 번역되었다고 했는데, 《괴팅겐 학보》의 영향력이 작지 않았을 것이다.)

유럽에는 소수 민족이 상당히 많다. 그만큼 언어도 많다. 그래서 보통 좋은 저작은 열 개 이상의 언어로 번역이 된다고 한다. 저자는 자기 언어로만 저술하지만 번역본은 이렇게 다양한 언어로 출간되어 나온다. 칸트는 라틴어 외에 당대의 어떤 외국어도 할 줄 몰랐다. 그래서 칸트는 흄의 저작도 독일어 번역본으로 읽었다. 흄의 저작을 완독한 게 아니라 그 당시 중요 부분만을 발췌해 독일어로 번역되어 나온 것을 읽은 것이다. 독일에 흄을 소개한 사람이 테텐스(J. N. Tetens, 1736~1807)이다. 1777년 테텐스는 『인간 본성과 그 발전에 관한 철학 시론』이라는 책 두 권을 쓴다. 인간 본성이란 것은 바로 흄의 용어이다. 칸트가 『순수이성비판』을 쓸 때 이 책을 늘 옆에 놓고 들추어봤다고 한다. 1777년에 나온 테텐스의 책이 칸트에게 큰 영향을 준 것이다. 당시 독일 학계에서는 테텐스를 '독일의 흄'이라고 불렀다.

조금 장황하게 칸트 당대의 독일 철학계 상황을 이야기했는데, 이처럼 칸트철학이 있기 전 독일에는 숱한 번역 철학이 유행하고 있었다. 루소도 몽테스키외도 다 들어왔다. (다양한 언어로 저술이 되었어도 독일어로 번역되고 연구되는 기초가 또한 독일에 있었다는 이야기이다. 그러니 언어에 구애받지 않고 독일어만으로 연구가 가능했다.) 만약 칸트가 라틴어 외에 그리스어도 하고 프랑스어도 하고 영어도 했어야 한다면 칸트철학은 생겨나지 않았을지 모른다. 그 많은 언어를 익히느라 지적 호기심과 창작 시간이 거의 소모되었을 것이다. 당시 좋은 번역서들이 나오고 있었기 때문에 칸트는 그것을 대충 빨리빨리 통독했다. 그리고 자기 생각할 시간을 충분히 가진 것이다.

이를 빗대어 말하자면 내가 열심히 칸트를 번역하는 것도 많

「순수이성비판」에 대한 서평이 실린
1782년 《괴팅겐 학보 별책》의 표지

은 독자와 학자 선생님들에게 자기 생각할 시간을 드리는 것이 될 수 있다. 그리고 학문을 함에 있어서 칸트처럼 접근하는 것도 나쁘지 않다고 생각한다. 우리도 칸트를 너무 정확히 알 필요까지는 없다는 말이다. 적당히 알면 된다. 왜냐하면 칸트를 너무 정확히 알다 보면 자기 생각이 사라져 버릴 수 있기 때문이다. 적당히 알아야 건너짚고 사이사이를 메꾸면서 자기 생각을 하게 된다. 그것을 우스갯소리로 '오독에 의한 창작'이라고 한다. 누구의 사상을 아주 정확히 아는 것이 능사는 아니다. 내가 플라톤을 정통으로 안다고 하면 나는 영원히 플라톤의 아류로 끝날 수도 있다. 플라톤을 적당히 알아야 그것을 뛰어넘는 사람이 될 수 있다. 모르는 사람이 용기 있다고 하지 않던가. 학자들은 이런 식의 우스갯소리로 자기 학문의 부족함을 변명하기도 한다.

칸트 번역, 한국어 가꾸기

당시 상황이 이러한 가운데 칸트도 '독일어로 학문하기' 운동에 동참하여 라틴어 어휘를 가능한 한 새 독일어로 번역하려고 했다. 예컨대 계몽주의자들은 그리스어에서 유래한 라틴어 낱말 '필로소피아(philosophia)'를 독일어로 새 낱말을 만들어 '벨트바이스하이트(Weltweisheit)'로 옮겼는데, 칸트도 때때로 그렇게 했다. 이 어휘를 나는 '철학'으로 번역하는 외래 독일어 낱말 '필로소피(Philosophie)'와 구별하기 위해 '세계지혜'라고 옮기고 있지만, 실은 두 낱말을 모두 '철학'으로 옮기는 것이 당대 저자들의 뜻에 부합할 것이다. 라틴어 '필로소피아(philosophia)'를 순수 독일 낱말로 대체하려 했던 움직임이 당시 학계에 있었지만, 사람들이 외래 어형 '필로소피(Philosophie)'의 사용을 선호하니까, 새로 만든 낱말 '벨트바이스하이트(Weltweisheit)'는 슬며시 소멸해버렸다. 또 다른 예로는 칸트의 책 세 권의 제목에도 나오는 '안팡스그륀덴(Anfangsgründen)'이라는 낱말이다. 이것은 '이니티아(initia)'라는 라틴어 낱말을 독일어로 옮긴 것이다. '안팡(Anfang)'은 '시작'이고 '그륀덴(Gründen)'은 '기초(들)'이니까 '기초원리'로 이해할 수 있다. '이니셔티브(initiative)를 쥐었다' 할 때의 그 표현과 근원을 함께하는 말이다.

이와 같은 방식으로 나름의 숙고 과정을 거치면서 칸트도 라틴어를 독일어로 번역하여 사용하기 시작했다. 그 결과 많은 독일어 어휘들이 생성된다. 당시로 보면 대부분 신조어들이다. 그때까지는 없던 말을 새로 만든 것이다. 라틴어에 상응하는 새로운 독일어 어휘를 만들어냈다. 새로운 문화가 생기는 초기에는 당연히 새로운 말들도 많이 생겨난다. 한국의 경우에는 서양 문물을 받아들인 초기가 일본의 영향권 안에 있을 때였다. 그래서 우리가 쓰고 있는 고급 문화어의 80~90퍼센트는 일본어에서 온 것 같다. '철학', '수학', '물리학', '기계', '회사', '사회', '은행' 등등 일본어에서 유입된 낱말은 헤아릴 수 없을 만큼 많다. 우리가 사용하는 개념어 대부분이 일본말에서 왔다고 해도 과언이 아니다. 서양의 제도와 문물을 받아들일 때 일본 사람들이 그것을 처음으로 한자어로 번역했다. 그런데 그냥 대강 조어를 한 게 아니라 옛 중국 문헌들 중에 있는 유사한 말을 찾아서 그것을 가져다 번역어를 만들었다. 그래서 중국 사람들마저도 그것을 자국어로 알고 큰 저항 없이 받아서 썼다. 그것들이 다시 한국에 유입된 것이다. 한국인들은 1919년 3·1운동 이전까지는 한문만이 '진서(眞書)'라는 관념이 강해서 일본어마저 중국어를 경유해서 받아들였다. 서양 원어가 일본어로 먼저 번역되고, 그것을 중국인들이 사용하면 그것을 보고서야 한국인들이 받아들이는 식이었다. 한국 문화계의 중역(重譯)의 역사는 길다. - 오늘날 적지 않은 한국인에게 '진서'는 영어가 아닌지….

칸트철학의 경우, 처음에 일본에 어떻게 유입 수용되었고, 어떤 경로로 중국에 전해져 한국에까지 이르게 되었는지를 한국, 일본, 중국(대만, 북경) 학자들이 한자리에 모여 검토하고, 논고를 모아 한 권의 책으로 만들었으니 이를 보면 저간의 사정을 잘 알 수 있을 것이다. ― 이 책은 동아시아 3국의 학술교류사에서도 특별한 사례일 것이다. 그 책이 『동아시아의 칸트철학』(백종현 편, 아카넷, 2014)이다. 본문을 공유하는 동일한 책이 서로 편자를 달리해서 일본과 대만에서도 잇따라 출판되었다. 일본어판은 『東アジアの カント哲学』(牧野英二 編, 法政大學出版局, 2015)이고 중국어판은 『康德哲學在東亞』(李明輝 編, 國立臺灣大學出版中心, 2016)이다. 이 책은 동아시아 3국의 칸트철학 연구자들이 상호 협력하여 칸트철학이 한자 문화권에 언제 어떤 경로로 유입되어 누구에 의해서 어떻게 이해되고 그렇게 번역되었으며, 어떤 방식으로 3국의 철학 사상 형성의 요소가 되어왔는지를 알고자 함께 노력한 성과물이다.

일본 사람들이 서양의 개념어들을 한문을 이용해 번역해 사용하는 연유로 최근 120년 사이에 한국 문화계는 일본식 한자어로 짙게 물들었다. 지금 우리가 사용하는 한자어 어휘 중 상당수는 일본어에서 유래했을 것이다. 어휘라는 것이 일단 통용이 되면 정착하게 되어 쉽게 바뀌지 않는 것이기는 하지만, 동일한 한자도 일본어에서와 한국어에서의 어감이 사뭇 다른 것도 있는 만큼, 하나씩이라도 한국어 어감에 맞춰 바꿔 나갈 필요가 있다.

국립국어연구원이 편찬한 『표준국어대사전』의 표제어 중 58퍼센트 정도가 한자어라고 하는데, 이 어휘들은 한자 표기를 모르면 그 정확한 뜻을 알기 어려운 것들이다. 예를 들어서 우리가 "학문을 한다"라고 말할 때 '학문'이 무슨 뜻인가? 한글은 소리글자라서 한글 표기 '학'과 '문'에서는 그 뜻을 얻을 수 없다. 그것을 '배울 학(學)'과 '물을 문(問)'으로 풀이를 해야 비로소 뜻을 얻게 된다. '학문'은 무엇을 배워 모으고 물어서 변별한다, 배운 것을 쌓아서 따져 물어 변별한다는 뜻이다. 이렇게 한자로 풀이해야 무슨 뜻인지가 드러난다. 그러니까 현재 '학문'은 한국어 낱말이지만 어원을 찾아 거슬러 올라가면 『주역』에까지 이른다.

독일어도 마찬가지이다. 'Philosophie'는 독일어 낱말이지만, 그리스어 어원을 모르면 무슨 뜻인지 알 수 없다. 그러니까 한국어만 그러한 것이 아니라 문화적으로 뒤에 나온 언어들은 거의가 비슷한 사정에 있다. '원자(原子)', 원자라는 것이 영어나 독일어로는 '아톰(Atom)'이다. 이 말은 '분리되지 않는 것'이라는 어원적 의미를 갖는데, 그 의미는 그리스어 '아토모스(atomos)'에서 온 것이다. 영어로 쓰든 독일어로 쓰든 원래는 그리스어인 것이다. 이런 식으로 현대의 영어나 독일어 어휘 중 상당수는 그것의 정확한 의미를 알기 위해서는 원래의 그리스어나 라틴어에서 무엇을 뜻했는지를 알아보아야 한다. 영어도 그렇고 독일어도 그렇고, 지금은 대표적인 문화어가 되었지만, 그것은 고전 언어에서 또는 외국 언어에서 많은 것을 수용하여 풍성하게 가꾸어간 덕택으로 그리된 것이다. 그러니까 외국어든, 외국 문물이든 받아들이는 것을 두려워하거나 역겨워할 일이 아니다. 오히려 많이 받아들이되 거기에다 자기 생각과 느낌을 넣어서 배양해가는 쪽이 더 좋다.

"우리 것이 좋은 것이여!" 하면서 '본래 우리 것'만을 찾다 보면 아마도 남는 것이 거의 없게 될 것이다. (고추가 본래 우리 것이 아닌데, 김치인들 남아나겠는가.) 지금 대부분의 한국인은 콘크리트 건물에서 거주한다. 건축 양식도 전통 양식이 아니다. 일상 입는 옷도 고유의 의상이 아니다. 이런 것들을 우리 것이 아니라고 폐기하고 벗어버리면 어찌 되겠는가? 문물이고 사상이고 간에 원래의 '내 것'을 찾아 육성하는 것 못지않게, 원래는 남의 것이라도 많이 받아들여 내 것으로 체화시켜나가는 노력이 중요하고 바람직하다. 이런 의미에서 칸트도 열심히 공부해야 한다. 칸트 번역을 통해 한국어의 어휘가 얼마나 풍성해졌는가! 칸트 번역은 칸트 이해의 길이자 한국어를 가꾸는 한 길이다.

번역을 하면서 번역자의 역할은 무엇일까 하는 생각을 해보곤 한다. 원작자는 칸트니까 번역하는 내가 하는 일은 무엇에 해당하는 것일까를 생각해보는 것이다. 이를테면 나는 편곡자

일까, 연주자일까? 베토벤의 음악이 있지만, 보통 사람들은 베토벤의 악보만 갖고는 음악을 감상할 수 없다. 연주자가 악곡 연주를 해주어야 "아, 베토벤이 이런 음악을 했구나!" 하고 비로소 베토벤 음악을 알게 된다. 보통의 한국 사람들은 독일어로 칸트 책을 읽지 못하니 내가 이렇게 번역해놓으면 "칸트 책이란 게 이런 내용을 가지고 있구나!" 하는 것도 알게 되고 관심도 생기고 그러지 않겠는가? 그래서 어떤 경우에는 번역 작업이 청중에게 알맞게 연주를 해서 소리를 들려주는 것이 아닐까, 또는 원곡대로 연주하면 너무 난해할 것이니 편곡을 해서 연주를 하는 것과 같지 않을까 하는 생각을 해보게 된다. 베토벤 음악이 악보로만 나와 있으면 문화로서는 큰 의미가 없다. 연주자가 있으니까 비로소 문화의 중요한 요소가 될 수 있다. 유비해서, 한국인에게는 한국어로 된 문헌이 나와야 비로소 그것이 문화의 요소로서 의미를 갖게 된다. 독일어 책이 수만 권 쌓여 있더라도 그것이 한국어로 옮겨지지 않으면, 한국 문화의 요소가 될 수는 없는 것이다.

칸트는 프로이센의 쾨니히스베르크에서 태어났다. 이 도시에서 칸트는 아주 중요한 인물이다. 몇 해 전에 지금은 러시아의 칼리닌그라드가 된 쾨니히스베르크를 다녀왔다. 그곳 대학 명칭도 '임마누엘 칸트 대학'이고, 시립 박물관에는 칸트 책이 전시되어 있었다. 그러나 모두 러시아 번역본만 있었다. 그 전시

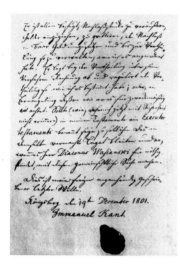

칸트의 유언장 마지막 면
(작성일 1801년 12월 14일)

관을 러시아 학생들이 단체로 관람하고 있었다. 그러니까 오늘날의 칸트는 러시아 학자가 된 것이다. 옛날에 이 도시 출신의 칸트라는 할아버지가 있었는데 그 할아버지가 이런 책을 썼다고 하면서 학생들에게 러시아어로 된 책을 보여주는 것이다. 그런 의미를 담아서 러시아 번역본 전집을 도서관에도 갖춰놓았다.

세상의 이치가 이렇다. 땅도 사상도, 저술도 같은 이치대로 움직인다. 옛날에는 우리 땅, 우리 조상이었고 우리 저술이었다고 하지만, 그것만으로 지금 우리에게 무슨 의미가 있겠는가? 문화도 그렇고 문물도 그렇고 결국 지금 잘 활용하는 것이 핵심이다.

모든 철학은 칸트로,
그리고 칸트로부터

19세기 말에서 20세기 초에 처음으로 칸트전집 편찬 기획을 하고, 칸트협회를 설립한 독일 학자들은 칸트의 철학사적 위상을 평가하여, 칸트 이전의 모든 사상이 칸트에 모여 있고, 칸트 이후의 모든 사상은 칸트로부터 흘러나왔다고 말했다. 서양철학의 맥락을 따라가 보면, 사실에 크게 어긋남이 없는 평가라 할 수 있다. 이 뜻을 살려 서양철학의 맥락을 표로 만들어보면 아래와 같다.

누가 어떤 철학을 갖는지는 그 사람이 어떤 사람인지에 달려 있다는 말도 있지만, 철학은 시대의 아들이요 민족의 딸이라는 말도 있다. 이 말들은 필요에 따라 어느 한 면을 강조하려는 의도에서 나왔을 것이며, 실상은 아마도 개인의 성향, 시대 상황, 역사적 체험 등이 어우러져 아무개의 철학을 형성할 것이다. 그런 만큼 칸트철학을 이해하는 데도 그를 둘러싸고 있던 제반 상황과 문화 요소를 살펴보는 일이 크게 도움이 될 것이다.

탈레스(Thales, BC 640~550):
原理(arche, principium, ratio) 탐구

고대철학
소피스트(sophists): 퓌시스−테시스(노모스)
소크라테스(Sokrates, BC 469~399)
플라톤(Platon, BC 427~347): 이성주의[이상주의]
아리스토텔레스(Aristoteles, BC 384~322): 경험주의[현실주의]
에피쿠로스(Epikuros, BC 342~270): 에피쿠로스학파
키케로(Cicero, BC 106~43): 스토아 사상

기독교 사상
／
아우구스티누스(Augustinus, 354~430):
이상[彼岸]과 현실[此岸]의 조화 ─ '두 세계'론

중세철학
토마스 아퀴나스(Thomas Aquinas, 1225~1274)
둔스 스코투스(Duns Scotus, 1266/70~1308)
수아레스(Suárez, 1548~1617)

수학적 자연과학 사상
／
데카르트(Descartes, 1596~1650):
자연[물체] 기계론, '정신'의 구출 ─ 이원론 ─ 신(神)이성론

근대철학
스피노자(Spinoza, 1632~1677): 자연=신론
라이프니츠(Leibniz, 1646~1716): 이상주의[神政論]
로크(Locke, 1632~1704): 경험론·대의정치론
흄(Hume, 1711~1776): 현상론·情感論
루소(Rousseau, 1712~1778): 계몽주의 사회사상

칸트(Kant, 1724~1804): 비판철학
헤겔(Hegel, 1770~1831): 독일 이상주의
↓   ↓   ↘
현대철학 生의 철학   변증법적 물질주의
(1820~1900) (1840~1980)   언어분석 철학
↓   ↘ ／   (1900~)
현상학   인간학   ↓
(1900~)   (1920~)   과학철학
실존철학(1940~1970)   (1920~)
↓   ↓   ↓
포스트모더니즘   비판이론   정의론   심리철학
(1970~)   (1940~) (1970~) (1950~)

칸트철학과 근대성

사람들은 보통 시대를 구분할 때 고대, 중세, 근대로 나눈다. 그런데 이것은 서양 유럽사를 중심으로 할 때이고 한국의 역사는 이렇게 나누기가 어렵다. 1960년대 한국 사회에는 '조국 근대화'를 기치로 내건 사회운동이 있었다. 이 말대로라면 1960년까지 한국은 아직 근대가 시작되지도 않았다는 말이 된다. 그러니 한국의 시대상과 서양의 그것이 많이 다르다는 점을 염두에 두고 칸트를 이해하려고 해야 한다. 칸트가 1781년에 『순수이성비판』을 냈는데 그때 상황을 서양의 그 시대에 맞춰서 보아야 한다는 말이다.

가끔 외국에서 친구들이 찾아오면, 칸트를 연구하지만 나 역시 한국인이니까 우리에게도 칸트에 버금가는 대학자가 있다는 것을 보여주고 싶은 마음이 생긴다. 그래서 (칸트와 비슷한 시기를 살았던) 대학자 다산 정약용 선생을 소개하고는 한다. 다산의 업적도 소개하고 서울대학교에 규장각이 있으니 규장각도 보여주고, 남양주에 가서 다산이 마지막에 살던 집도 보여주고 무덤도 보여준다. 며칠 묵을 여유가 있으면 다산이 유배생활을 했던 강진에도 데려간다. 그렇게 다산 자랑을 실컷 한다. 그런데 "그 사람 사상이 뭐야?"라고 물어오면 그다음부터 입장이 난처해진다. 왜냐하면 다산의 대표적 저술 중 하나가 『목민심서(牧民心書)』(1818)인데, 그 서문이 다음과 같은 말로 시작하기 때문이다.

"옛날에 순(舜)임금은 요(堯)임금의 뒤를 이으면서 12목(牧)을 불러 그들로 하여금 목민(牧民)하게 하였고, 주 문왕이 정치를 하면서는 사목을 세워 목부(牧夫)로 삼았으며, 맹자(孟子)는 평륙(平陸)에 가서 가축 기르는 것〔芻牧〕으로 목민함을 비유하였으니, 이로 미루어보면 양민(養民)함을 목(牧)이라 하는 것은 성현이 남긴 뜻이다."

이 책은 지방관리들, 이름하여 '목민지관(牧民之官)'이 어떻게 백성들을 잘 먹이고 키울 것인가를 설명 또는 훈시하고 있다. 그런데 여기서 '목민'이라는 말의 뜻을 그대로 해석하자면 '목'이 '가축 기를 목'이니, 백성을 먹여 살림을 가축 기르는 것과 같이하라는 것이다. 많은 분들이 이 책의 첫 구절도 들춰보지 않은 채 좋은 책이라 추천하는데, 이 책이 1500년 이전에 쓰인 책이면 양서(良書)라 할 것이나, 19세기 초에 쓰인 책인 이상 시대착오적인 발상과 인간관에 기초해 있는 저술이라 평가하지 않을 수 없다. (15~16세기에 발표했다면 충분히 혁신적인 사상과 발언이라도 18~19세기에 한다면 실로 시대착오적일 수 있는 것이다.)

『목민심서(牧民心書)』의 제1부 제1장 첫머리에 "윗사람을 섬기는 자를 '민'이라 하고, 목민하는 자를 '사'라고 하니, 사는 벼슬하는 자이고, 벼슬하는 자는 모두 목민하는 자이다.(事上曰民 牧民曰士 士者仕也 仕者 皆牧民者也)"라고 규정하고 있다.

백성(民)을 가축이라고 비유하지를 않나, 윗사람을 섬기는 자라고 규정을 하지 않나…. 근대인은 이런 말을 입에 담지 않는다. 문자 그대로 '전근대적 언사'이기 때문이다. 지금도 종교 지도자들은 "우리는 양떼다"라고 말하기는 하지만, 근대사회에서 관리가 어떻게 국민을 양떼라고 부르고, 가축에 비유하겠는가? 관리는 오히려 국민으로부터 급여를 받고 그 대신에 국사를 돌보는 국민의 고용인일 따름이다. 이미 서양은 근대에 그렇게 생각이 바뀌었다. 그런데 19세기 초 조선의 대표적 석학인 다산은 아직 그렇게 이야기하고 있지 않은 것이다. 다시 말해 한국 사회는 다산 시절까지도 고대 사상에 머물러 있었다. (요순이나 맹자의 세계관을 유지한다면 그것은 고대 사상의 연장선상에 있는 것이다.) 고대 사상의 연장선상에 머물러 있다면, 아직 근대는 저 멀리 있는 것이다.

다시 칸트로 돌아가 그가 살던 사회를 살펴보자. 칸트는 다산보다 한 세대 앞서 살다 간 사람이지만 명백한 근대인이다.

1776년 조선에서 정조가 왕위에 오르던 해에 미국은 독립선언을 하였다. 이른바 '미국독립혁명'이 일어난 것이다. 미국이라는 나라는 역사적으로 늦게 출발했지만 세계 최초로 헌법(1787)을 가진 나라이다. 오늘날 헌법에 기초해 세워진 국가를 엄밀하게 말해서 (근대)국가라고 하는데, 그러한 나라의 효시가 바로 미국이다. 헌법에 기초해서 세워진 나라, 그 기초를 다지기 위

1864~1884년간에 쾨니히스베르크 구도심 교회 사거리에 있던 칸트 동상
(현재 임마누엘 칸트 대학 교정에 있는 동상은 이를 본떠 1992년에 새로 세운 것임)

해 몽테스키외니 루소니 하는 사람들이 정지작업을 하던 시대
가 바로 칸트가 살던 때이다. 1789년에는 프랑스혁명이 일어난
다. 칸트는 학자들과의 교류보다는 일반 사회인들과 교류하면
서 세상사에 관한 정보를 얻고 사람들의 일상사에 많은 관심을
보였다. 칸트가 살던 곳이 항구였기 때문에 무역상을 통해 외부
에서 어떤 일이 일어나고 있는지, 자주 새로운 소식을 접할 수
있었다. 미국의 워싱턴에서 지금 무슨 일이 벌어지고 있는지,
그다음으로 프랑스혁명이 어떻게 진행되고 있는지, 이런 소식

을 늘 귀담아들었다. 세계 곳곳에 공화국이 생겨나고 민주주의가 태동하는 소식을 관심 있게 접하고 있었던 것이다. (만약 다산 정약용이 중국 소식 외에 미국과 유럽 여러 나라의 현황 소식도 듣고, 유교의 사서삼경 외에도 로크와 몽테스키외, 애덤 스미스와 칸트의 문헌을 접할 수 있었다면 어떤 사상을 펼쳤을까.)

정치적 사건들 말고도 그 무렵 서양 사회에는 인류 역사상 최대의 변화라고 할 만한 일이 일어난다. 1780년대에 이르러 산업혁명이 시작된 것이다. 인류 역사를 보면, 20만 년 전부터든 30만 년 전부터든 엄밀한 의미에서 농경시대 전까지는 원시시대라 해야 할 것이고, 약 1만 2,000년 전 농경이 시작되었을 때부터 사람들이 정착생활을 했고, 그때부터 전혀 새로운 문명이 도래했다. 이렇게 시작된 농업시대를 종식시킨 것이 1780년대의 산업혁명이다. 1만 2,000년 전부터 1780년까지는 대동소이했던 삶의 방식에 갑자기 혁명적 변화가 생긴다. 산업혁명을 통해 시민층이 형성되었다. 앞서 언급한 독일의 멘델스존도 상인 출신이고, 칸트를 학술적으로 괴롭힌 대표적인 사람 중 하나가 야코비(F. H. Jacobi, 1743~1819)인데 이 사람도 상인 출신이다. 즉 다른 직업을 갖고 있다가 학식이 뛰어나니까 학자도 겸하게 된 것이다. 그때가 바로 1780년대이다. 칸트가 활동하던 시대는 이처럼 생활방식이 급격하게 바뀌고 시민이라는 개념이 새롭게 등장할 때였다. (참고로 그 시절 아직 한국은 조선 왕정을 이어가고 있었다. 시민계급, 시민이 무슨 말인지 몰랐다. 나라에는 가축에 비견되는 백성과 목자가 되면 최상으로 여겨지는 관리와 임금만이 있었다.)

앞서도 구분해보았듯이, 서양의 역사에서는 시대를 나눌 때 고대, 중세, 근대로 나눈다. 이렇게 시대를 나누는 이유는 가치의 본부가 어디에 있으며, 진리의 규준이 무엇이냐에 관한 견해 차이가 시대를 나눠서 보아야 할 만큼 크기 때문이다. 고대에는 진리의 본부가 자연에 있었다. 대체로 자연을 경영하거나 자연력에 항거할 능력이 없을 때, 사람들은 '자연과의 합일'이라는 가치관을 갖는다. 동서양이 마찬가지이다. 서양인들도 고대에는 자연과의 합일을 제1의 가치로 여겼다. 자연을 거역하고서는 살 수가 없는데, 어찌할 것인가. 그래서 고대 사상은 대체로 자연주의적이다. 중세에는 신이 진리의 본부가 된다. 진리와 선의 가치는 초월자인 절대자로부터 온다는 것이다. 자연이 가치의 본부였다가 중세가 되면서 절대자인 신으로 본부가 옮겨 갔다. 그러면 근대는 어떠한가? 이제 진리의 본부는 자연도 아니고 신도 아니고 인간이다. 인간 중심의 사상으로, 인간이 이제 진리의 본부이다. 바야흐로 휴머니즘(humanism) 시대가 도래했다. 이렇게 보면 서양의 문명과 문화는 세 가지 서로 다른 가치 기준 위에서 형성되었다. 그래서 그 특성에 따라 시대를 고대, 중세, 근대로 나눈 것이다. 만약에 한국의 역사를 서양 역사와 비교해본다면 한국사는 서양사와는 사뭇 다르다고 보아야 할 것이다. 한국 역사에 신 중심은 없었으니까, 서양에서 말하는 중세라는 것 자체가 없다 할 것이다. 그러니까 우리는 자연 중심의 사회에서 인간 중심 사회로 곧바로 넘어온 역사를 가지고 있다 하겠다.

칸트 철학서의 난해함과 좋은 번역

대표적인 두 학자인 플라톤과 칸트를 통해 고대와 근대의 철학적 문제 상황을 비교 관찰해보자. 고대인 플라톤을 형성하고 있는 문화 요소는 비교적 단순하다. 그래서 사람들이 그의 글을 읽기도 그다지 어렵지 않다. 아직 물리학과 같은 고도의 지력을 요구하는 학문도 없고, 유일 인격신에 대한 믿음도 없을 때이다. 그래서 논의의 전선이 복잡하지 않다. 그런데 근대인 칸트 안에는 훨씬 복잡한 것들이 있다. 플라톤은 기독교나 유대교의 체험이나 이슬람 문명도 시야에 없다. 그러니까 각종 종교와 다툴 일도 없다. 칸트에게는 기독교 교리와 교회 체제를 어떻게 다룰 것인지가 굉장히 골머리 아픈 일인데, 플라톤은 그런 고민을 할 필요가 없었다. 칸트는 자신이 이렇게 말하면 교회나 그 후원자들이 듣고만 있을 것인가를 늘 의식하면서 글을 쓰지 않을 수 없었다. 또 저렇게 말하면 뉴턴 추종자들은 어떻게 받아들일까? 한쪽에서는 플라톤이, 한쪽에서는 뉴턴이, 한쪽에서는 교회가 끊임없이 감시를 하니까, 글에 복선이 깔리고 꼬이게 되고, 돌려 말하고, 중언부언하게 된다. 그러니까 글쓰기도 읽기도 어려워지지 않을 수가 없는 것이다. 단지 칸트철학만이 아니라 근대사상이라는 것 자체가 이와 같은 세 주체의 각축 속에서 형성된 것이다. 플라톤과 기독교회 그리고 뉴턴, 이 삼자를 어떻게든 설득해서 고비를 넘겨야 다음 문장을 이어갈 수 있었다. 그래서 근대철학은 이전의 것보다 훨씬 어렵다. 그것이 칸트 때부터는 더욱더 어렵게 된 것이다.

이제 칸트부터는 철학이 직업이 되었으니, 사상적·정신적 요소 외에도 현실적·물질적 요소까지 더해져서 철학적 사변의 자유가 제약받지 않을 수 없었다.

칸트 본인은 '세계 철학'을 지향했다 할 것이나, 사람들은 그를 전형적인 강단철학자로 본다. 강단철학이라는 것은 철학을 대학 강단에서 가르치니까 그렇게 부른 것이다. 이전에 시대를 대표하던 '철학자'들은 직업 철학자 곧 교수가 아니었으니까, 학교에서 정규적으로 가르칠 일이 없었다. 그들은 때때로 우연히 마주친 사람들과 대화하고 강론하거나 대중을 상대로 하는 글을 썼다. 그런데 칸트는 대학에서 가르치고, 또 식자들이 모여 자기들끼리만 쓰는 말을 자꾸 개발하다 보니까 차츰 일반인은 알아들을 수 없는 말을 썼다. 전문가들만 쓰는 말, 학술어로서의 전문 철학 용어의 사용, 이것이 칸트에서 발견되는 첫 번째 특징이다. 칸트부터 이런 현상이 두드러지게 나타나기 시작한다. 칸트의 한국어 역서를 두고 독자들이 어려움을 토로하는데, 물론 역서가 가진 문제점도 있겠지만, 칸트 문장 자체가 난삽하고, 칸트철학 자체가 난해하다. 독일어 독자도 칸트 독일어 문장을 독해하는 데 빈번하게 어려움을 겪는데, 한국어 독자가 한국어 번역서에서 부딪치는 고난은 더 크지 않을 수 없다. 플라톤 번역서들은 대충 잘 읽히는데, 칸트 번역서는 도통 무슨 말인지 독해가 안 된다고 타박하는 이들이 적지 않은데, 그것은 대부분 역자 탓이 아니다. 칸트는 뭐라 할지 모르겠으나, 대개는 원저자 탓이다.

　최상의 번역은 원저의 문장과 문체에 최고도로 부합하는 것이다. 원저가 난삽한데 역서는 간명하다거나 원저가 난해한데 역서가 술술 잘 읽힌다면, 또 원저는 전공자도 바른 뜻을 알기가 쉽지 않은데, 역서는 비전공자도 쉽게 뜻을 파악할 수 있다면, 그것은 번역이 잘못된 것이다. 이게 무슨 말인가 하면 번역이라는 것은 원저자가 틀리게 쓴 말은 번역자도 틀리게 번역해야 한다는 것이다. 번역자는 원문이 잘못되었다고 해서 번역문에서 그것을 고쳐 쓰면 안 된다. 번역은 원저를 다듬질하거나 개작하는 것이 아니다. 칸트가 틀린 말을 썼다면 번역자는 그것을 틀린 그대로 번역하고, 주석에 역자의 의견을 적어놓아야지 바로잡는다고 본문을 바꾸는 것은 역자가 아니라 원저자의 스승이 되려는 짓이다. '이건 아마도 칸트가 틀린 것 같다.'고 번역자가 생각한 것이라도, 물론 칸트가 틀린 것이 아닐 수도 있다. 그렇기 때문에 번역자는 주해를 붙여 자기 의견을 설명하되, 본문을 변경시키면 안 된다. 그런 짓은 원문의 변조이다.

칸트 독자들은 왜 문장이 이렇게 지루하냐는 등의 이야기도 많이 한다. 이 또한 칸트가 글을 지루하게 써서 그렇다. 칸트가 지루하게 쓴 글을 번역자가 깔끔하게 바꾸면 안 된다. 그것 역시 변조다. 오역한다거나, 오역까지는 아닐지라도, 원저는 간결한데, 역서가 난삽하다면 그것은 역자의 허물로 변명할 여지가 없지만, 원저의 비문을 바로잡는 것도 올바른 번역이 아니다. 번역은 원저와는 다른 언어로 원저를 있는 그대로 재생하는 작업이다. 원저의 언어와 번역서의 언어의 상이성으로 말미암아 생기는 차이는 어쩔 수 없다 하더라도 최대한 근사(近似)하게 재현하여, 번역서의 독자가 번역서의 독서만으로도 원저를 독서

겨자 단지를 들고 있는 칸트.
프리드리히 하거만의 풍자화(1801)

한 것 같도록 만드는 것이 역자의 책무이다.

　나는 번역할 때 신조가 있다. 만약 한국어도 잘 알고 독일어도 잘 아는 사람이 내 번역서를 다시 독일어로 재번역한다면 그것이 칸트 원문대로 되돌아가게 하는 것이다. 너무 이상적이어서 말이 안 되는가? 이런 내 신조를 발설할 때마다 나는 웃음거리가 된다.

　번역은 어렵다. 특히 서양 언어와 특성이 다른 한국어로 서양 고전을 번역하는 것은 더욱 어렵다. 그래서 늘 조심스럽다. 우스갯말로 한국어 번역을 재봉틀 번역이라고 말하는 이도 있다. 재봉틀처럼 '들들들' 한다는 것이다. 한국어에서는 복수의 뜻을 더하는 접미사 '들'을 잘 쓰지 않는다. 이미 앞에 복수가 있으면 반복해서 안 쓰는 것이 어법처럼 되어 있다. 그런데 철학에서는 단수와 복수가 아주 중요할 때가 있다. 그래서 엄밀하게 번역하려면 반복되더라도 '들들들'이라고 써야 한다. 조사 '의'도 마찬가지이다. 필요한 자리마다 번역문에 포함해서 써야 한다. 독일어에서는 2격 접미사를 넣을 때가 있고 안 넣을 때가 있다. 명사 두 개를 붙일 때와 2격을 넣을 때가 다르기 때문에, 원서에 2격 표현이 있으면 역서에도 그에 대응하는 표현을 꼭 해주어야 한다. 번역자가 변조를 해서 칸트가 처음부터 2격 없이 글을 쓴 것처럼 오해를 하도록 하면 안 되지 않겠는가. 나는 그러면 안 된다고 생각한다. 그래서 번역할 때 이 두 가지를 엄격하게 적용하려고 하는데 출판사 편집부에서 교정하는 분은 한국어 어법에 너무 거슬린다 하면서 되도록 쓰지 않으려고 나의 원고를 자꾸 고친다. 보통 칸트 번역서를 출간할 때 다섯 번쯤 교정을 보는데, 내가 원래대로 바꿔놓으면 교정자가 또다시 고쳐놓고는 한다. 그러다보니 교정하는 분의 체면을 살려줘야 해서 내가 양보한 것들은 따로 목록으로 만들어놓는다. 나중에 재쇄 기회가 오면 다시 고민해보려고 그렇게 한다. 어떤 때는 내가 고집을 좀 부릴 것을 양보를 해서 다시 이것을 독일어로 바꾸면 원전대로 안 나올 것 같은 우려가 들 때도 있다. 외국어 고전 번역서는 한국어로 잘 읽히는 것이 중요한 것이 아니라, 얼마나 원전을 충실하게 한국어로 재현해내느냐가 더 중요하다. 이것을 상징적으로 표현해서, 다시 독일어로 바꾸면 원전 그대로의 독일어 문장이 나올까 하고 묻게 되는 것이다.

이런 점에서 칸트 3비판서처럼 원문이 난해하고 내용 해석에 정밀성을 요하는 고전은 대역본을 내는 것이 마땅하다고 생각한다. 독자들 중에서 독일어를 하긴 하지만 독일어로 칸트를 읽으면 1년 걸리는 경우에, 한국어 번역본을 놓고 빨리빨리 읽다가 '이게 무슨 말이지?' 싶을 때에는 원전을 곧바로 확인하면서 보면 한 달이면 읽을 수 있게 하는 것이 대역본의 가치이고 목표라 할 수 있다. 나는 기회가 되면 이런 대역본도 시도해보고 싶다. 하지만 대역본은 출판 비용이 많이 필요하니 책값도 비싸지므로, 우리 출판계와 독자의 부담 능력이 향상될 때까지 기다릴 수밖에 없어, 못내 아쉽다.

칸트의 철학적 숙고 속에는 고대, 중세의 사상과 근대의 과학 사상까지 두루 포함되어 있기 때문에, 칸트철학을 철학 사상사의 중앙 저수지라고 일컫는다. 칸트는 비교적 오래 살았다. 그만큼 글도 많이 썼다. 칸트 생전에 논저 70편이 출판되었고, 그보다 많은 조각글과 유고를 남겼으며, 후학들이 강의록을 많이 정리해놓았다. 그의 철학적 사색이 미치지 않은 철학 분야, 철학적 주제는 없다고 해도 과언이 아니다. 오늘날은 칸트를 비판하거나 추종하면서 철학을 할 수는 있어도 칸트를 모르고서는 철학을 할 수 없다는 말이 헛된 말이 아니다.

자연과 신, 그 너머에 인간이 있다

칸트는 철학적으로 무엇을 사색했는가?

앞서 말한 바대로 근대는 인간 중심의 시대이다. 그런데 대체 인간이란 무엇인가? 이것이 칸트철학의 기본 물음이다.

어린아이들이 외부 사물에 관심을 기울이듯이, 고대인들은 일차적으로 자연이 무엇인지를 물었다. 자연(自然, physis), 저절로 그러한 바의 것, 있는 그대로의 것, 대체 그것이 무엇이냐?

존재하는 것, 존재자로서 존재자, 존재자 자체라는 것이 무엇을 의미하는지를 물었다.

그러다가 그 물음은 근원적 존재자, 모든 존재자를 그러한 존재자이도록 한 것, 존재자 중의 존재자를 묻게 되어 마침내 자기 원인(causa sui), 신(theos)에 이르렀다. 여기서 그 물음은 한 걸음을 더 나아가 그 자신은 만상 중의 하나가 아니면서 만상을 있게 한 자, 그러니까 초월자에 대한 믿음을 이끌어냈다.

그러나 칸트는 이러한 사념을 전복시킨다. '존재자 자체', 그것은 인간의 앎의 영역에서는 말할 수 없는 것이고, 인간에게는 오직 인간 앞에 나타나 있는 것, 곧 현상(Erscheinung)이 있을 따름이며, 그러니까 인간에게 있는 것이란 인간과 마주해 있는 것, 곧 대상(Gegenstand)이 있을 따름이다. 대상이 대상인 것은 그를 맞는 자, 곧 객(客)을 맞이하는 주(主)가 있기 때문이니, 이제 대상을 맞는 인간이야말로 진정한 주체, 주관인 것이다.

고대인들의 현안은 그 자체로 있는 것이 무엇인가, 본래 있는 것이 무엇인가였기 때문에, 자연에 관심이 집중되었다. 그러다 물음이 거듭되면서 중세가 열렸다. 중세인들은 물었다: 자연(physis), 저절로 생겨난 것, 무엇이 어떻게 저절로 생겨나는가? 도대체 제작자 없이 무엇이 어떻게 생겨날까? 자연(natura), 그것은 문자 그대로 '낳아진 것(naturata)' 아닌가? 그렇다면 '낳은 자(naturans)'가 있을 것 아닌가? 사람들은 이 물음 끝에서 창조주를 만난다.

그런데 이러한 물음을 던지고, 그 물음에 대해 답변하는 것은 사람 자신 아닌가? "자연의 소리를 들어라." "신의 음성에 귀를 기울여라." 이렇게 말들 하지만, 그 말은 결국 "너 자신 깊은 곳에서 울려오는 말을 들어보아라."를 뜻하는 것이 아닌가. 그래서 칸트는 "'나'란 무엇인가?", '나'라고 하는 "인간이란 무엇인가?"를 묻기에 이른 것이다.

인간이란 무엇인가?

인간이 무엇이냐는 질문에 대해서는 생물학적으로 접근할 수도 있다. 그런데 칸트는 철학자니까 철학적으로 인간이 무엇인가를 묻는다. 어떤 사람에게나 사람은 '나'로서 다가온다. 여기서 칸트에게 문젯거리는 '나로서의 인간', '주체로서의 인간', '나'이다.

인간은 언제 어디서나 주체이다.(근대인들은 이렇게 생각한다. 이러한 인간관을 가진 이들을 '근대인'이라고 일컫는다.) 그러니 주체인 내가 무엇을 알 수 있는가? 무엇을 행해야만 하는가? 무엇을 희망해도 좋은가? ─ 이 물음이 철학의 현안이다. 초기에 칸트는 이렇게 생각했다. 이렇게 생각할 때의 칸트에게 아직 그의 제3의 비판서 『판단력비판』(1790)은 염두에 없었다.

칸트의 『판단력비판』은 『순수이성비판』 제2판(1787)을 낸 후 『실천이성비판』(1788)을 마무리할 무렵에야 불현듯 그의 시야에 잡힌 것으로 보인다. 『순수이성비판』 제2판을 내면서도 바움가르텐(A. G. Baumgarten, 1714~1762)이 시론을 낸 『미학 (Aesthetica)』(1750~1758)은 학문으로 성립하지 않는다고 비판하고 있다. 그러나 그 몇 달 후에 칸트는 그 자신이 미학을 정초하는 『판단력비판』을 쓰기 시작한다.

칸트 초기에 제기된 "인간이란 무엇인가?"라는 물음에는 아직 미적 판정의 주체로서의 인간이 포함되어 있지 않았다. 그러나 『판단력비판』을 낸 1790년 이후의 칸트의 물음 안에는 이것도 당연히 포함되어야 한다. 그래서 내가 칸트식의 물음 하나를 추가해 만들어 넣었다. 칸트가 듣는다면 이에 동의할지 모르겠지만, "나는 무엇에서 흡족함을 느낄 수밖에 없는가?(Woran muß ich mich wohlgefällig fühlen?)"라는 물음이 그것이다. 인간은 무엇에선가 흡족함을 느낀다. 무엇인가를 보면 흡족해진다. 왜 그렇게 흡족함을 느낄 수밖에 없느냐? 이 물음이 더해져야 칸트의 3비판서가 성립한다. 그런데 칸트 자신이 이러한 물음 형태를 내놓은 일은 없다.

칸트가 살던 시대에는 보통 건강한 사람도 수명이 60세 정도였다. (한국에서는 사라진 환갑잔치가 독일 학계에는 아직도 남아 있다.) 그렇지 않아도 병약했던 칸트는 — 칸트의 지인들은 "칸트가 한 번도 아프지는 않았지만, 늘 아플락 말락 했다.(Kant war nimmer krank, aber immer kränklich.)"고 말한다.— 나이가 들어가면서 언제 생을 마칠지 모른다는 생각을 늘 하고 있었다. 그래서 글 쓰는 호흡이 짧아지고 있었다. 그런 상황에서 『판단력비판』은 요점만을 정리한 91개 조항(§)으로 서술되었다.

인간인 "나는 무엇을 희망해도 좋은가?"라는 물음을 다룬 책이라면, 『판단력비판』은 미흡하고, 한 권의 책으로서도 완결성이 부족하다. 왜냐하면 제1부가 미학이고 제2부는 목적론인데, 왜 이 두 가지가 함께 묶여 한 권이 되었는지가 자못 의아하기 때문이다. 칸트가 이 두 가지가 한 책을 이룬다고 설명하는 그 대목도 그다지 설득력이 없다. 그러나 어쨌든 인간으로서 "나는 무엇을 희망해도 좋은가?"라는 물음에 대한 답변이 『판단력비판』 제2부 목적론 논변에 나온다. 그래서 우리는 "인간은 무엇인가"에 대한 답을 줄 세 개의 기초 질문들에 대한 답변을 칸트 3비판서를 통해 들을 수 있다.

나는 무엇을 알 수 있는가? (형이상학) —『순수이성비판』
나는 무엇을 행해야만 하는가? (도덕학) —『실천이성비판』
나는 무엇을 희망해도 좋은가? (종교) —『판단력비판』

『순수이성비판』
나는 무엇을 알 수 있는가?

칸트가 신던 1800년경 구두. 크기는 26.5cm.
바닥과 발목 부분의 가로 밴드에 칸트의 인장이 찍혀 있다.

칸트 탄생 250주년 기념 주화와 우표.

계몽, 스스로 생각하기

『순수이성비판』은 계몽주의의 정상(頂上)에 있다. 서양 역사에서 계몽주의는 17, 18세기 거의 모든 사회 문화 분야에서 등장한다. 정치에서 계몽주의는 삼권분립, 인권이라는 개념으로 등장한다. 루소, 몽테스키외는 이쪽 방면에서 계몽주의의 선두에 섰다. 계몽주의가 산업혁명과 만나면서 생산체제의 혁신, 이른바 분업이 나타났다. 도덕감정론자인 애덤 스미스는 경제 운영 방식과 관련해서 계몽사상을 펼쳤다. 그런데 칸트는 계몽주의의 추세대로 인간 마음능력의 분업 체제를 내놓았다. 애덤 스미스의 친구 데이비드 흄의 구상을 차용한 것이다. 그래서 감성이 이렇고, 지성은 그러하며, 이성은 저렇다는 식으로 마음의 활동을 분해(분석)해서 보았다. 그러면서 각각에 전문적인 고유 기능을 할당한다. 인간 신체 부위를 나누어 눈은 이것을 하고 코는 저것을 하고 하는 식으로 서술하듯이, 마음도 쪼개서 살펴보았다.

근대 의학이 걷는 길도 비슷하다. 예전의 의학은 인간을 통째로 보지만, 근대 의학은 인간을 쪼개서 본다. 이런 유행이 돌 때 헤겔도 해부학에 대해서 못마땅하게 생각했다. 몸은 유기체인데 쪼개면 더 이상 유기적이지 않고, 그러니 생명도 없고…. 살아 있는 것은 쪼개는 순간 죽은 것이 되는데, 몸을 쪼개서 본다는 것은 살아 있는 것을 죽여서 보는 것이니, 그 분석 결과가 전체 몸에 맞지 않을 것이다. "진리는 전체에만 있다." 그래서 유기체는 쪼개지 말고 통째로 봐야 맞다. 이런 논변의 끝에 이른바 '전체론(holism)'이 등장한다. '전체론'? 말은 그럴듯하게 들린다. 그러면 (쪼개서 보는) 근대 의학이 통째로 보는 예전 의학보다 못하다는 것인가? 외과와 내과가 나누어지면 퇴보인가? 다시 외과가 정형외과, 성형외과 등으로 나눠지면 더욱 악화한 것인가? 의사가 종합적으로 다 봐야만 명의가 되는 것인가? 물론 최고의 경지에 오르면 그럴 것 같다. 하지만 그것은 경지에 올랐을 때의 일이고 보통은 분석해서 봐야 한다. 의학의 우수성은 기대하는 치유 효력에서 드러난다. 이런 이치로 인해 칸트의 고심도 깊어진다.

정치도 마찬가지이다. 삼권분립을 하고 나면, 나라의 권력이 셋으로 분할되어서 정말 통합적으로 나가야 할 때는 문제가 생긴다. 그러니까 상호 견제라는 면에서 보면 좋은 제도인데 국가권력의 통일성의 문제에서는 장애가 없지 않다. 그렇다고 나라의 통치를 절대 권력자에게 일임하는 제도가 더 좋은가?

인간의 의식도 그 사정이 마찬가지이다. 감성, 이성, 지성으로 나누어서 하나하나 특성과 기능을 잘 설명하는 것은 좋은데, 실제로 인간의 마음이 그렇게 쪼개져 있는가? 그러면 의식의 통일성은 어디서 찾아야 하나? 분할을 하고 나면 어떻게 통합을 할 것이냐가 문제가 되고, 통째로 보고 나면 두루뭉수리 문제를 어떻게 피할 것인지가 문제로 등장한다. 그래서 칸트도 처음에는 분할해서 보는 데 집중했지만, 나중에는 어떤 통합 원리가 있을까를 찾게 된다. 예를 들면 『판단력비판』에서 칸트는 반성적 판단력을 매개로 지성(이론이성)과 이성(실천이성)의 통일을 시도한다. 의식을 분석해오던 칸트가 의식의 통일성 문제를 자기 숙제로 안고 있었음을 짐작하게 하는 사례이다.

17, 18세기 분해와 분석의 시대에 계몽은 어떤 어둠을 거두어내고 사람들을 밝은 빛 속으로 이끌려 했는가? 당시에 계몽의 첫째 표적은 기독교회 체제였다. 계몽은 이성적인 시민에게 기독교적 교리, 교조에 무조건 따르지 말고 네 스스로 판단해서 행할 것을 촉구했다.

칸트는 계몽을 "사람이 자기 탓인 미성숙[미성년]으로부터 벗어남"이라고 규정한다. "미성숙이란 타자의 지도 없이는 자신의 지성을 사용하지 못하는 무능력이다. 그리고 그 무능력의 원인이 지성의 결여에 있는 것이 아니라, 타자의 지도 없이 자신

„Aufklärung ist der Ausgang des Menschen aus seiner selbst verschuldeten Unmündigkeit. Unmündigkeit ist das Unvermögen, sich seines Verstandes ohne Leitung eines andern zu bedienen. Selbst verschuldet ist diese Unmündigkeit, wenn die Ursache derselben nicht am Mangel des Verstandes, sondern der Entschließung und des Muthes liegt, sich seiner ohne Leitung eines andern zu bedienen. Sapere aude! Habe Muth, dich deines eigenen Verstandes zu bedienen! ist also der Wahlspruch der Aufklärung.

Faulheit und Feigheit sind die Ursachen, warum ein so großer Theil der Menschen, nachdem sie die Natur längst von fremder Leitung frei gesprochen (naturaliter majorennes), dennoch gerne Zeitlebens unmündig bleiben; und warum es Anderen so leicht wird, sich zu deren Vormündern aufzuwerfen. Es ist so bequem, unmündig zu seyn. Habe ich ein Buch, das für mich Verstand hat, einen Seelsorger, der für mich Gewissen hat, einen Arzt, der für mich die Diät beurtheilt, u. s. w, so brauche ich mich ja nicht selbst zu bemühen.
2tes Band. Y y

칸트의 유명한 논문 「계몽이란 무엇인가」가 실린
《베를린 월보》(1784.2) 시작 면.

의 지성을 사용하고자 하는 결단과 용기의 결여에 있다면, 그 무능력은 자기 탓이다. 그러므로 계몽의 표어는 '과감히 분별하라(Sapere aude)!' '너 자신의 지성을 사용할 용기를 가져라!'라는 것이다." 그래서 칸트는 "이 계몽을 위해서는 다름 아닌 자유"가, 그것도 "모든 면[문제]에서 자기의 이성을 공적으로 사용하는 자유"가 필요하다고 본다. 그런데 이 자유가 한낱 말에 그치지 않으려면 부단한 실행 연습, 훈련이 따라야 한다.

우리가 사용하는 '학문'이란 낱말에도 이런 의미가 담겨 있다. '학문'은 『주역(周易)』에 나오는 어구에 근원을 둔 말이다. "배움으로써 모으고, 물음으로써 분별할 일이다.(學以聚之 問以辨之)"(『주역(周易)』, 「乾爲天」). 배우면 쌓이기는 하는데, 그냥 배우기만 하면 멍텅구리가 되고 만다. 쓰레기통과 다를 게 없게 된다. 그러니 배운 것을 물어서 변별을 해야 한다. 학문한다고 하면서 세월 내내 독서만 하고, 교양을 높인다고 하면서 몇 해를 쉴 새 없이 각종 교양강좌를 수강만 하는 이들이 있는데, 이는 몇 해를 텔레비전 시청만 하는 것과 크게 다를 바가 없다. 세월 내내 독서만 하고 교양강좌 수강만 하는 것도 수동적인 일이라서, 그것만으로는 오히려 분별력과 창의력을 저하시킨다.

'학습'이라는 낱말도 배움에 있어서 능동성이 얼마나 중요한지를 일깨워주고 있다. '학습'이란 배워서 자기 것으로 만드는 것이다. 그래서 『논어(論語)』의 첫 구절에서 공자는 "학이시습지 불역열호(學而時習之 不亦說乎)."라고 했다. '학'만 해선 안 되는 것이다. '습'을 해야 한다. 그래서 '학습'이다. 배우지도 않고 익힌다면 첫걸음만 반복할 것이다. 그러면 진전은 없이 쓸데없는 초보적 질문만 누적될 것이다. 예를 들어 칸트에 대해서 질문을 할 때 칸트를 스스로 읽어본 적도 없는 사람이 질문만 해대면 거듭 원초적인 질문에만 머물게 된다. 반복해서 질문해도 매번 수준이 똑같을 것이다. 반대로 아무런 물음 없이 배우기만 해도 진전을 이루지 못한다. 따라서 먼저 많이 배우고 그것이 쌓이면 그다음에는 분별을 해야 한다. 그런 뜻을 '학문'이라는 말이 담고 있다. 얼마나 깊은 생각에서 나온 말인가.

이와 같은 말을 칸트도 반복해서 한다. 많이 배우되 스스로 물어 분별하여, 배운 것에 얽매이면 안 된다. 그것이 비판이다. 그래서 모든 것을 비판에 부치자고 한다. 칸트의 유명한 말이 바로 여기에서 나온다. '철학함'을 배우는 것이지 '철학'을 배우는 것이 아니다. 그러나 피히테(J. G. Fichte, 1762~1814)는 이 말을 문자대로 썼다가 칸트한테 야단맞았다. 피히테는 자기의 지식론을 펴면서, 나는 칸트가 하지 않은 말은 한마디도 하지 않고 칸트가 하고 싶었던 말을 내가 펼쳐낸 것 뿐이라고 말했는데, 칸트 관점에서 피히테의 논변은 자기 생각과는 거리가 먼 것이었다. 그래서 칸트가 성명서를 발표한다. 피히테의 말은 결코 내 말이 아니다. 피히테는 어찌하여 내가 한 말을 그대로 받아들이지 않는가 하고서. 그런데 칸트 자신이 '철학함'을 배우는 것이지 '철학'을 배우는 것이 아니라고 말했으니, 그 말 취지대로라면, 피히테는 철학함을 배워 실천한 것이니, 칸트의 말을 충실하게 따른 것이라 하겠다. 그런데 칸트는 그러한 피히테에게 역정을 냈다. — 비판적 배움의 길은 쉽지 않다.

철학은 등불을 들고 길을 안내하는 시녀

계몽주의라는 이러한 시대적 상황에서 칸트는 『순수이성비판』을 썼다. 그는 제2판을 낼 때 베이컨(F. Bacon, 1561~1626)의 『대개혁』의 머리말 구절을 인용하여 자기가 이 책을 왜 썼는지

『순수이성비판』 제1판 원서 표지 　　　 『순수이성비판』 제2판 원서 표지

를 넌지시 밝혔다. 밝힌 바는 두 가지이다.

　하나는 철학적 논의에서 만나는 끝없는 착오를 종결짓고 그
것의 합당한 한계를 제시하는 일이다. 그러니까 철학은 계속되
는 착오들의 연속인데 칸트 자신이 이 싸움을 끝장내겠다는 것,
다시 말해 참진리를 밝히겠다는 것이다. 그러면 그것을 왜 해야
하는가? 참진리를 밝혀서 무엇에 쓰려는 것인가? 이런 물음이
다시 제기된다. 그래서 두 번째 과업으로 인류의 복지와 존엄을
위한 토대를 마련하는 일을 제시한다.

　철학을 왜 하는가? 칸트는 왜 철학을 했나? 인류의 복지와 존
엄을 위한 토대를 마련하는 일이라면 차라리 쌀이라도 한 가마
직접 농사짓는 게 낫다고 생각하는 분도 있을 것이다. 그렇잖

은가? 계속 말로만 인류의 복지를 떠들기보다는 쌀이라도 한 가마 생산하는 것이 낫다 싶기도 하다. 그런데 칸트는 말로 떠들어도(철학해도) 된다고 생각했다. 그것도 그냥 되는 정도가 아니라 굉장히 중요한 과업이라고 생각했다. '자율적 인간의 위상'을 논변적으로 확보하는 일, 이 일이 무엇보다도 급선무라고 계몽주의자 칸트는 생각했다. 자기(칸트)가 잘 설명해내면 인간이 자율적인 존재로서 자존심을 갖게 되고, 다시 말해 자긍심을 갖게 될 것이고, 이렇게 인간이 인간에 대해 자긍심을 갖도록 만드는 일이 인류 복지를 위해 무엇보다도 중요하다고 생각했다.

그렇게 수행한 자기 과업의 성과물을 칸트는 그의 3비판서에 담았다. 칸트의 3비판서는 그러한 내용을 서술하고 있다. 『순수이성비판』에서는 인간의 자발성이, 『실천이성비판』에서는 인간의 자율성이, 『판단력비판』에서는 인간의 자기자율성이, 이 세 가지 자율성이 인간의 능력 안에 있다는 것을 펼쳐 보인다. 결국 칸트는 인간이 이 세상의 한가운데에 있고, 중심이고, 주체라는 것을 밝힘으로써 인간의 존엄성을 고양시키는 인류 복지의 초석을 놓았다. '인간'이라는 개념을 정립한 것이다. 칸트 3비판서의 일관된 철학적 과제는 인간이 진정으로 무엇인지를 밝히는 일이다.

이것을 칸트는 "철학의 세계 개념"이라고 일컬었다. 보통 강단철학자들은 이렇게 말한다. 소크라테스가 이렇게 말하니까 그것을 받아서 플라톤이 이렇게 말했고, 아리스토텔레스는 저렇게 말했으며, 또 그것을 받아서 학자들이 두 패로 나뉘어 이렇게 저렇게 논쟁을 벌였다 하는 식으로 말이다. 강단철학의 주요 활동은 개념적인 인식들을 논리적으로 체계화하는 일이다. 그런데 칸트에게 철학의 주요 업무는, 학자들끼리 논변적 다툼을 벌이는 일이 아니라, 일반 시민들에게 '어떤 지혜를 배워서, 현안에 대응하여 어떻게 바른 길을 갈 것인지를 제시함으로써 인간의 문화와 복지 향상에 앞장섬'이었다. 이러한 일이 '철학적 지혜'이다. '철학적 지혜'는 한낱 구체적인 지식들의 모음이 아니다. 그럼에도 '철학적 지혜'는 어떤 사안이 생겼을 때 어느 길로 가는 것이 인간의 존엄성을 한발이라도 더 고양시키는 것인지를 끊임없이 밝혀준다.

중세 때 흔히 '철학은 신학의 시녀'라고 했다. 칸트는 이 말을 이렇게 이해한다. "맞다. 철학은 신학의 시녀다. 그런데 시녀에는 두 부류가 있다. 왕비가 치맛단을 길게 늘어뜨려 끌고 갈 때 뒤에서 끌리지 않게 치맛단을 들고 가는 시녀가 있고, 왕비가 발을 헛디디지 않게, 또는 유혹에 빠지지 않게 앞장서서 등불을 들고 가는 시녀가 있듯이, 철학은 신학뿐만 아니라 여타의 학문들이 헛길에 들지 않도록 앞장서 등불을 들고 가는 시녀이다. 시녀는 시녀인데 신학이 엉뚱한 길로 가지 않도록 길을 안내해주는 시녀이다." 지금은 철학을 '과학의 시녀'라고 한다. 신학이 하는 일과 과학이 하는 일은 다르다. 하지만 철학이 하는 일은 여전히 마찬가지이다. 과학에 대해서도 철학은 앞에서 등불을 들고 가는 시녀이다. 시녀는 시녀인데 등불을 들고 바른 길을 안내하는 시녀이다. 칸트는 자기가 하는 철학의 소임을 이렇게 생각했다.

계몽의 향도, 순수이성

학문들이, 또는 진리를 추구하는 이들이 헛길로 드는 것을 방지하기 위해 계몽의 등불을 들고 앞장서서 나가려는 의도로 칸트는 『순수이성비판』을 지었다. 그런데 '순수이성'이란 무엇이며, '비판'은 무엇을 말하는가?

칸트에서 '순수이성'은 입법자이다. 세계란 법칙이 통용되는 영역을 일컬으니, 한 세계에서 입법자는 곧 자치의 주체, 곧 주권자를 지칭한다. 칸트에서 순수한 이론이성은 자연세계의 입법자이고, 순수한 실천이성은 도덕 세계의 입법자이다. 칸트에와서 인간의 이성도 '순수'할 수 있음이 밝혀지고, 그 순수한 이성이 세계의 주인으로 옹립되었다.

요즘 등극했다, 옹립했다는 말이 느슨하게 쓰이고 있는데, 엄밀하게 말해서 이 말은 오직 최상위자에 대해서만 쓸 수 있는 말이다. 등극(登極)은 1인자의 지위에 오름을 말한다. 옹립(擁立)도 마찬가지이다. 우두머리로 세우는 일이 옹립이다. 따라서 '순수이성'을 옹립했다는 말은 순수이성을 그 세계의 최고 통치자로 세웠다는 뜻이다. 철학은 도구적 이성을 활용할 길을 제시해주는 것이 아니다. (그런 일은 아마도 처세술이나 경영학이 맡아 할 것이다.) 입법 이성의 역할을 밝혀주는 것이 철학이다. 철학이 도구 이성을 활용하는 법을 가르쳐주는 것이 아니라는 말은 곧 로크나 흄은 엄밀한 의미에서 '철학자'가 아니라는 말이다. 로크나 흄이 관심을 기울여 탐구한 것은 "어떻게 이성은 인간이 욕구를 실현해가는 데 좋은 지혜를 제공할 것인가"였다. 그러한 탐구의 대상은 도구적 이성이다. 그러한 탐구 대상을 갖는 것은 심리학이나 생리학이므로, 칸트는 때때로 로크와 흄을 심리학자 또는 생리학자라고 칭하기도 한다.

철학자라면 오로지 입법 이성에, 법칙을 수립하는 이성에만 관심이 있을 것이며, 칸트가 그러했다.

순전히 자력으로 법칙을 수립하는 원리의 능력을 '순수이성 (ratio pura, reine Vernunft)'이라고 일컫는다. 그러므로 엄밀히 말해서 '순수이성'은 오로지 자력으로 존재하는 자, 곧 신에게나 어울리는 말이다. 그런데 '순수한 이성'이라니, '순수하지 않은' 이성도 있다는 말인가? 어떤 명사 앞에 수식어가 붙으면, 그것은 그 명사의 외연을 제한하는 것이니, 수식어가 붙어 있는 것만으로도 이미 그 명사가 지칭하는 바가 여러 종류가 있음을 표시하는 것이다. 여러 종류 또는 여러 방식의 이성이 있으니까 이를 구별하기 위해서 '순수'란 말을 앞에 붙인 것이다.

'이성(理性, reason, Vernunft, ratio, logos)'은 오래전부터 여기저기에서 여러 가지 목소리를 냈다. 어디서는 '말'로, 어디서는 '올바른 길'로, 어디서는 '지각'으로, 또 어디서는 '추론'으로 활약했다. 그런데 신의 말씀과 함께 '순수이성'이 등장했다. 그렇게 해서 당초에 '순수이성'은 신이나 천사처럼 감각이 없는 순전히 이성적이기만 한 존재자의 이성을 지칭했다. 바꿔 말해 신체적인 어떤 속박도 받지 않는 이성이 순수이성이다. 땅에 살면서(humanus) 감각적 자연물에서 식량을 구하는 신체적 존재자에게 이성이 있다면, 그것은 필시 순정하지 못한, 생존을 위해 몸부림치는 과정에서 불순물이 미세하게라도 섞여 들어가 있는 이성일 터이다. 그러니 '순수이성'은 신이나 천사 같은 존재에게만 제한적으로 사용될 수 있는 말인데, 이제 칸트는 그것을 '우리 인간의 이성'을 지칭하는 말로 사용한다. — 다름 아닌 이러한 변화 가운데 계몽주의가 있다.

순수이성은 참가치의 본부로서 신의 이성을 지칭한 것인데, 이제 그 본부의 가운데 자리에 인간의 이성이 '순수'라는 도포를 걸치고 앉는다. 세계 중심의 자리가 신으로부터 인간에게로 옮겨진 것이다. 이를 두고 사람들은 세상의 이치가 "신 중심에

서 인간 중심으로 옮겨왔다."고 말한다. 그리고 이를 계몽사상
이라 일컫는다. 칸트의『순수이성비판』이야말로 계몽사상의 교
과서이다.

계몽주의의 정상에 칸트가 있다. 칸트 이전까지는 계몽주의
가 오르막길을 올랐다면 칸트를 지나면서부터는 계몽주의가 내
리막길을 걷는다. 정상에서는 한 발만 더 내디디면 바로 내리막
길이다. 역사의 시간은 머물러 있지 않는다.

칸트는 이성을 정상에 올려놓았다. 그 이성은 스스로 반성하
는 이성이다. 말 그대로의 순수이성이라면 못하는 게 없어야 한
다. 한계가 있을 수 없다. '순수'란 모든 것을 자력으로 할 수 있
음의 표지(標識)인데, 그 '순수'를 무엇이 막아설 수 있겠는가?
그런데 인간의 순수이성에는 한계가 있다. 그래서 비판이 가능
해진다. 정말로 신의 이성 같은 '순수이성'이라면 어림없는 일
이다.

인간의 순수이성은 비판하고 비판 당하는 이성, 무엇인가 한
계가 있는 이성, 그러니까 정직하게 말하면 유사(類似) 순수이성
인 것이다.

무릇 '비판(Kritik)'은 무슨 뜻인가? 그것은 인간의 순수이성이
할 수 있는 것이 무엇이고, 할 수 없는 것이 무엇인지를 분간함
이다. 그런데 그 분간함을 순수이성 자신이 한다. 순수이성보다
더 권능 있는 것은 있을 수 없으니, 비판이 있다 해도 그것은 자

기비판이다. 그래서 '순수이성 비판'이란 곧 '순수이성의 자기 한계 규정'이라고 할 수 있다. 인간의 순수이성이라는 것이 입법을 하되, 그렇게 수립된 법칙은 바로 여기까지만 유효하다는 것을 밝힘이 칸트『순수이성비판』의 내용을 이룬다.

인간의 의식 활동에는 각기 고유한 가치가 있다
—

『순수이성비판』은 "나는 무엇을 알 수 있는가?"라는 물음에 답한다. 자연히 앎, 곧 지식이 주요 탐구 대상이다.

지식의 능력을 말하면서 칸트도 흄으로부터 테텐스에까지 이어지는 당대의 심리학, 통칭 능력심리학의 대강을 그대로 받아들이고 있다. 능력심리학에서는 인간의 의식과 마음을 세 가지 작용방식으로 나누는 것이 상례이다. 인간의 의식은 무엇인가를 알고, 무엇인가를 하고자 하고, 무엇인가를 느낀다. '지(知)', '정(情)', '의(意)'라고 하는 이 세 가지 의식 작용 형태를 칸트도 받아들인다. 칸트의 3비판서는 이에 부응하고 있다. 그래서『순수이성비판』은 인간 의식의 지적 작용에서 순수 이론이성이 무엇을 하는지를, 『실천이성비판』은 인간 의식의 의지 작용에서 인간의 순수 실천이성이 마땅히 무엇을 해야 하는지를,『판단력비판』은 인간 의식의 감정 작용에서 흡족함은 어디서 느낄 수밖에 없는지를 탐구하여 밝혀낸 바를 내용으로 갖는다.

칸트는 인간의 지식은 오로지 감성세계의 대상에 관해서만 가능하다고 본다. 인간의 지식은 무엇인가 주어진 것, 그것이 무엇인지, 어떻게 있는지를 개념적으로 파악함인데, 인간에게 무엇인가가 주어지는 유일한 통로는 감각기관이기에 그렇다 한다. ―이제부터는 '지식'이라는 말 대신에 '인식'이라는 말도 자주 사용할 것이다. 그것은 철학적 사태를 한국어로 표현하는 데 '인식'이라는 말이 상당히 유용하기 때문이다. '지식'이라는 명사에 대응하는 동사는 '알다'이고, 또 이 '알다'라는 동사에서 파생한 명사로 '앎'이 있다. 그런데 '인식'이라는 명사에 대응하는 동사로는 '인식하다'가 있고, 이 동사를 기반으로 해서는 '인식 작용', '인식 활동' 등을 활용할 수 있다. '지식하다'라는 동사는 누구도 사용하지 않고, '앎 작용'이라는 어휘도 너무 낯설어서 부득이 활용이 수월한 '인식'을 사용하는 것일 뿐, 사실상 '인식', '지식', '앎' 사이에 의미상의 차이는 없다.

인간의 인식 대상이 감각적 대상으로 국한된다는 칸트의 말은 매우 중요하다. 근대 인식론의 특성을 가장 적합하게 표출하고 있는 발언으로 볼 수도 있다. 이 말이 함축하는 바는, 자연과학적 지식만이 엄밀한 의미에서 지식이라는 것이다. 자연과학 외에는 지식이 아니다. 칸트는 지식이라는 말을 쓸 수 있는 분야는 자연과학뿐이라고 보았다.

여담으로 내 신변, 내 심정에 관한 이야기를 좀 해보겠다. 대학 강단을 떠나 자연인이 되고 나니 무엇보다도 기쁜 것은 지식을 갈망하는 청년 학생들을 더 이상 마주하지 않아도 되는 것이다. 사실 대학 근무 햇수가 늘어갈수록 학생들을 가르치는 일이 점점 더 힘들었다. 학생들은 나에게 자꾸 지식을 얻고자 하는데, 나는 해가 갈수록 지식에는 관심이 없고, 또 아는 바도 없기 때문이다. 외부 세계를 탐구하기는커녕, 늘 생각만 하는데, 내 생각이 곧 지식은 아니지 않은가. 칸트의 경우도 마찬가지이다. 그의 생각이 지식인가? 칸트가 세상을 그렇게 봤다는 것뿐이다. 그것이 무슨 지식이겠는가? 칸트의 생각일 뿐이다. 다시 말해 그것은 칸트의 관념 틀이거나 관념 체계인 것이다. 강좌를 개설하고는 수강생에게 평점을 부여하여, 대학 본부에 성적표를 제출하여야 하는데, 그것이야말로 내가 할 수 없는 일을 감행하는 것이다. 학기가 거듭되면서 죄책감이 깊어갔다. 시험 문제를 내고, 채점도 내가 하니 결국은 내 생각대로 평점할 것 아닌가. 그러니까 내 생각과 안 맞으면 낮은 점수를 주고, 내 생각과 맞으면 높은 점수를 주고…. 이게 가당키나 한 일인가. 내 생각이 무슨 진리의 척도도 아닌데…. 내 생각과 똑같으면 100점이라니…. 그런데 내가 내 강좌 수강생을 평가하니 달리 어떻게 할 방도가 없었다. 내 생각과 다른 것에 무슨 기준으로 더 높은 평점을 한다는 말인가. 이렇게 해서 학기마다 성적표를 내기는 했지만, 참 문제가 많다고 늘 생각하다가 대학 근무를 마쳤다. 죄악에서 벗어나서 지금은 다행이다 싶기는 하지만, 이미 저지른 죄악도 크기 때문에, 이런 생각이 들면 지금도 몸 둘 바를 모르겠다. 여러분 중에 혹시라도 예전에 나한테 평점을 받은 분이 있다면 이제라도 용서를 구한다.

철학적 사변에서는 지식이 생기지 않는다. 지식은 오로지 자연과학의 영역에만 있다. 이렇게 '지식'을 제한하고 나면, '지식'이라는 것의 위상이 더 높아질까?

지식의 이러한 제한에서 칸트는 바로 지식의 한계를 본다. 다시 말해 지식의 유효한 범위를 본다. 인간 생활에서 의미가 있는 것은 비단 지식만이 아니다. 내가 희망을 갖는 것은 내 지식에 의해서가 아니다. 무식한 사람이 더 큰 희망을 가질 수도 있다. 그런데 그 희망이 그 사람 삶에 결정적인 영향을 준다. 비록 무식하지만 베토벤 음악을 들으면서 큰 감동에 젖을 수 있다. 누군가가 무식해서, 다시 말해 수학도 모르고 물리학도 모르고 현대의 자연과학 지식이 전무하다고 치자. 그런데 그가 베토벤 음악을 들으면 너무너무 흡족함에 빠져든다. 이런 일이 사람의 삶에서 많은 지식보다 덜 중요한 것이 결코 아니다. 자연과학자가 도덕군자보다 더 탁월한 인간인 것도, 더 훌륭한 삶을 사는 것도 아니다. 칸트가 살던 당시의 지식사회는 (지금도 그렇지만) 인간의 의식 활동에 의한 모든 것을 지식으로 환원시키려고 했다. 지식이 힘을 발하여 산업사회의 원동력이 되자, 지식은 전능의 지위를 얻었고, 이에 사람들은 무엇이든지 지식에 기대어 권위를 얻으려고 했다. 그러한 세태에서 칸트는 지식도 아닌 것을 지식에 갖다붙이는 짓들을 경계하려 했다. 지식이 아닌 것을 왜 지식이라고 우기는가? 지식이 아닌 것도 그 나름의 의미 영역이 있는데, 왜 그 영역의 의미는 보지 못하는가? 칸트는 의식 활동의 각 영역을 구분하고, 영역마다 가진 고유의 가치가 전체 인간의 삶을 형성함을 내보이고자 했다.

예를 들면 이렇다. 칸트를 통해서 각종의 이론적인 신 존재의 증명이 무효화되었다. 그럼 그로써 '신'의 의미가 사라지는가? 아니다. 지식으로서의 신 존재 증명, 신에 대한 지식이 무의미해졌을 뿐이다. 설령 신 존재를 우리가 이론적으로, 지식 차원에서 증명하지 못한다 해도, 다시 말해 신이 물리적 존재임을 밝혀내지 못한다 해도, 우리는 우리 안에 그리고 우리 위에 신이 있기를 바라지 않을 수 없다. 살다 보면 우리가 세상사에 실망을 하는 경우가 많다. 나쁜 녀석은 벌을 받아야 한다고 생각하지만 세상을 보면 나쁜 녀석이 죽을 때까지 벌을 안 받는다. 나를 해코지한 녀석이 멀쩡하게, 아니 나보다 더 호의호식하며 잘 산다. 너무 속상한 일이다. 몹시 화도 난다. 이때 나쁜 녀석이 언젠가는 마침내 벌을 받을 것이라고 생각해야, 세상이 공평해 보인다. 그런데 그러려면 영혼이 불멸해야 하고 신도 있어야 한다. 그 녀석의 영혼과 내 영혼이 육신에서 이탈한 후에도 존재해야 하고, 이를 끝까지 지켜보면서 행실에 상응하는 상벌을 내려줄 신이 마땅히 있어야 한다. 그래서 우리는 신의 현존을 요청한다. 이러한 요청이 신에 대한 지식보다 의미가 없는가? 사람들은 "그건 지식이 아니잖아."라고 말하지만, 왜 지식만이 인간 행실의 잘잘못을 가르는 척도여야 하는가? 누군가 자연세계의 운행의 주재자로서의 신을 이야기하려면, 물리적으로 신의 존재를 입증해야 할 것이나, 인간의 도덕적 삶에 의미를 부여하는 신은 그 현존을 요청하는 것만으로도 충분하다. 인간의 도덕적 행실을 규제하는 것은 그를 둘러싸고 있는 자연 조건이 아니라, 인간은 마땅히 이러이러하게 살아야 한다는 이념이고, 그 이념 형성을 위해서는 신의 현존을 요청하는 것으로도 족하기 때문이다.

이러한 사변을 통해 칸트가 하고자 한 바는, 지식에게는 그에 알맞은 지위를 주고, 자연과학적 대상이 아닌 것과 관련한 의식 활동에는 또한 그에 알맞은 가치를 부여하고자 한 것이다.

책의 〈서론〉 이야기

이제 칸트 『순수이성비판』의 책장을 넘겨보자.

사람들이 책을 쓸 때 본론을 완성한 다음에 서론을 쓰기도 하고, 순서대로 서론을 먼저 쓰고 그에 이어 본론을 써가기도 한다. 『순수이성비판』과 『판단력비판』의 서론은 본론을 완성한 후에 그 전체 내용을 추고하면서 쓴 것이라 본론 내용뿐만 아니라, 칸트의 다른 저서와의 연관성, 그리고 칸트의 철학 개념을 파악하는 데도 중요한 자료라 할 수 있다. 그래서 책을 독서하는 데도 본론을 먼저 읽고 서론을 나중에 읽어야 이해도 잘 된다. 만약 독자가 순서대로 일차 완독했다면, 마지막 장을 읽은 후에 다시 되돌아와 서론을 재독하고 독서를 마치는 것이 얻는 바를 배가시킬 것이다.

그러나 『실천이성비판』은 어쩌면 『순수이성비판』과 합본할 생각이 있었기 때문인지 다른 두 비판서와 머리말 – 서론의 편제도 다르고, 서론이 유난히 간략해서 집필 순서에 굳이 주의를 할 필요가 없을 정도이다.

흥미로운 것은 『판단력비판』이다. 『판단력비판』은 완성된 책에 있는 서론 외에 후에 단행본으로 출판한, 통칭 「판단력비판 제1서론」이라는 것이 있다. 일이 이렇게 된 것은, 당초에는 먼저 서론을 써놓고 본론을 썼는데, 본론을 완성해놓고 보니, 서론과 본론이 서로 맞지 않아, 당초에 썼던 서론은 폐기하고, 서론을 다시 써넣어 책을 출판했고, 처음 쓴 서론은 몇 해 묵혀두었다가 지인을 통해 부분적으로 출판되고, 온전한 형태로는 칸트 사후 연구자들에 의해 출간되어 현재 우리가 읽을 수 있게 된 것이다. 「판단력비판 제1서론」은 『판단력비판』뿐만 아니라 칸트철학 체계 전모를 이해하는 데도 매우 유익한 내용을 담고 있다.

『순수이성비판』과『판단력비판』의 서론 본론의 서술 순서와 정반대인 대표적인 철학서로는 하이데거(M. Heidegger, 1889~1976)의『존재와 시간』(1927)을 예로 들 수 있다.『존재와 시간』의 서론은 문자 그대로 서론이어서 이를 건너뛰고 본론부터 읽을 수는 없다.

그러나 칸트의『순수이성비판』은 서론을 건너뛰고 바로 본론을 읽어나가도 논술 흐름을 좇는데 아무런 지장이 없다. 이처럼 순서에는 상관없는 서론이지만『순수이성비판』[KrV]의 서론에서 우리는 칸트 초월철학(Transzendental-Philosophie)의 전모를 선취할 수 있다.

"우리의 모든 인식이 경험과 함께 시작된다 할지라도, 그렇다고 해서 우리의 인식 모두가 바로 경험으로부터 생겨나는 것은 아니다. 왜냐하면 우리의 경험 인식조차도 우리가 [감각] 인상들을 통해 수용한 것과 (순전히 이 감각 인상들의 야기로) 우리 자신의 인식 능력이 자기 자신으로부터 산출해낸 것의 합성이겠으니 말이다. 우리는 오랜 훈련을 통해 그것에 주목하고 양자를 분리하는 데 익숙하게 될 때까지는 [우리 자신이] 추가한 것과 저 기초 재료를 구별하지 못한다."(KrV, B1~2)

사실 이 한 대목이 칸트가 본론에서 서술하는 내용을 모두 함축하고 있다고 해도 과언이 아니다.

요컨대 경험적 인식, 그러니까 자연과학적 인식은 형식과 질료로 이루어져 있는데, 질료는 감각경험을 통해서 우리가 얻지만 형식은 질료를 규정하기 위해서, 즉 정리하기 위해서 이미 인식 주관이 그 경험에 앞서, 그러니까 선험적으로 구비하고 있다는 것이다. 비유해 설명하자면 이렇다. 내가 컴퓨터 프로그램을 가지고 문서를 작성할 경우, 그 문서는 내 생각을 담게 될 것이다. 문서를 지식에 비유하면, 문서의 내용이 질료이다. 그런데 그 문서를 컴퓨터에서 흔글 프로그램을 이용해 작성한다면, 흔글 프로그램이 문서의 형식이다. 이 흔글 프로그램의 틀 지움에 의해 문서가 생성된다. 이 프로그램 없이는 문서가 생기지 않는다. 그러니까 반드시 이 흔글 프로그램이라는 틀, 형식이 문서 내용에 앞서 있어야 문서 내용이 표현될 수 있고 현상할 수 있다. 내가 아무리 근사한 생각을 하고 있어도 사용하고 있는 흔글 프로그램이 그것을 문서로 표현해내지 못하면, 그 생각 내용은 묻힐 뿐이다. 이 점에서 보면 흔글 프로그램이라는 틀, 형식이 문서 내용을 결정한다. 물론 내가 생각해내는 바가 없으면, 흔글 프로그램이 있어도 아무런 문서도 만들어내지 못하지만 말이다. 그러나 내가 별난 생각을 해낸다 해도 나의 흔글 프로그램이 작업할 수 있는 것만 문서화된다. 문서가 지식이라면 내 생각은 감각질료이고 흔글 프로그램은 인식주관의 형식이다. 그런데 그 인식주관의 형식이 대상인식에서는 두 가지가 있다. 하나는 감성의 직관 형식인 공간·시간이고, 다른 하나는 지성의 사고 형식인 범주이다. 『순수이성비판』은 이 각각을 나누어 해설하는 데, 그래서 책의 주요 내용이 '초월적 감성학'과 '초월적 논리학'을 다룬다.

칸트 '초월철학'의 요점

공간·시간은 존재의 관문이자 지평이다

———

칸트가 인식의 형식을 감성의 형식과 지성의 형식, 두 가지로 나누어본 일, 이것이야말로 철학사에 결정적 사건이라 하지 않을 수 없다. 칸트가 아리스토텔레스를 좇아 '범주'라는 말을 쓰는데, 지성의 형식을 범주라고 한다. 아리스토텔레스의 범주에는 시간과 공간이 포함되어 있다. 칸트에서는 범주에서 공간과 시간이 분리된다. 그러면 왜 칸트는 두 가지를 분별했을까? 왜 형식을 감성의 형식과 지성의 형식 둘로 나누었을까? 여기에 무슨 의미가 있을까?

칸트에 의하면 어떤 것이 있다는 것은 공간과 시간이라는 지평(Horizont) 위에 있다는 것이다. 무엇이 있기는 있는데 공간상에 있지 않고 시간상에도 있지 않다고 누가 말한다면, 칸트는 그것은 잘못 말한 것으로 본다. 바로 그러한 것은 없다고 해야 바른 말이다. 무엇이 있다는 말은 공간상의 어디, 시간상의 언제에 있는 것을 뜻한다. 언제, 어디에 있는 것만 있는 것이다. 그렇게 표현할 수 없는 것은 있는 것이 아니다. 그러면 당장 신은 어떻게 되는가? 신 역시 있다고 말할 수 있는 것이 아니다. 천사도 있는 것이 아니다. 영혼도 있는 것이 아니다. 이 규정 하나로써 재래 형이상학의 대상들은 모두 존재세계에서 사라진다. 이런 것들은 모두 자연과학적인 탐구 대상일 수 없으며, 그러니 지식의 내용을 이룰 수가 없는 것들이다. 이로써 '형이상학'은 더 이상 지식 체계인 양 행세할 수 없게 되었다.

종래의 형이상학은 신이니 영혼이니 하는 것들이 마치 있는 것처럼 논변했다. 이런 것들도 범주적으로 규정했다. "신은 오롯이 실체이다." "신은 영원불멸이다."라고. 그런데 칸트에 의하면 이런 명제는 모두 의미가 없다. 범주적으로 사고가 가능한 것들이 아니다. 사고의 형식으로서의 범주는 오직 공간·시간상에 나타나는 것에만 타당하기 때문이다. 칸트에서 '존재' 규정의 일차 관문이 공간과 시간 표상인데, 종래의 모든 형이상학적 언사는 바로 이 관문 앞에서 주저앉을 수밖에 없다. 공간·시간 표상은 칸트가 도모한 철학혁명의 기수이다.

공간·시간 표상이 존재의 지평이라는 규정은 또 다른 하나의 중요한 의미를 갖는다. 어떤 것이 공간과 시간상에 있다는 것은 크기를 가짐을 뜻하기 때문이다.

공간과 시간은 연장성을 갖는다. 공간과 시간은 연장성이 있기 때문에 연장적인 것 위에 있는 것들도 모두 연장적이다. 다시 말해 크기를 가지고 있는 것이다. 그리고 크기를 가지고 있는 것은 모두 분해되고 헤아릴 수 있다. 다시 말해 양화(量化)할 수 있다. 그러니까 모든 존재자는 양화될 수 있다. 거꾸로 말해, 양화될 수 없는 것은 있는 것이 아니다. 칸트가 하고자 하는 말이 바로 이것이다. 근대 수학적 역학의 세계만이 존재의 세계이고, 지식의 세계라는 설명을 이러한 철학적 언어로 하고 있는 것이다. 칸트가 뉴턴 물리학을 철학적으로 설명했다고 말들 하는데 그것은 이러한 측면을 두고 하는 말이다. 그러니까 수학적 역학으로 표상될 수 있는 것만 존재 세계에 든다.

그러나 칸트는 정작 시간과 공간의 정체에 대해서는 뉴턴과 판이한 생각을 한다. 뉴턴과 칸트의 시간관, 공간관은 판이하다. 어떤 것이 있으면 그것이 공간과 시간상에 있다고 보는 점에서는 뉴턴과 칸트가 일치하지만, 뉴턴에서 공간과 시간은 그 자체가 있는 것이다. 그것도 절대적으로. 이른바 '절대 공간', '절대 시간'이라는 것이다. 그러나 칸트에서 공간과 시간은 한낱 인식 주관인 감성의 형식, 다시 말해 주관적 표상(Vorstellung)일 따름이다.

뉴턴의 물리학에 따르면 공간과 시간상에 있는 것은 모두 그 자체로 '실재하는 것'이지만, 칸트에서는 공간과 시간상에 있는 것은 '우리에게 그렇게 나타나 있는 것' '현상', 바꿔 말하면 인간 의식 방식에 달려 있는 것, '관념'이다. 공간과 시간 자체가 순전히 주관적인 것, 바꿔 말해 '관념'이다. 그래서 칸트에게는 존재하는 것은 한낱 표상이요, 현상(Erscheinung)일 뿐이다. 뉴턴에서 '사물 자체'인 것이 칸트에서는 '현상'일 따름이다. 현상이라는 것은 인간에게 그렇게 보인다는 것이다. 인간에게만은 그렇게 보인다는 것이다.

코페르니쿠스적 전환

'실재(real thing)'라는 것을 누가 '우리 인간의 위치와 상관없이, 인간이 보든 말든, 인간이 알든 모르든 간에 그 자체로 있는 것'이라고 규정한다면, 이를 칸트는 무의미한 언사로 간주한다. 인간은 보지 못한 것, 알지 못하는 것에 대해서는 발언을 삼가야 한다. 우리가 발언할 수 있는 것은 모두 우리가 본 것, 볼 수 있는 것, 알고 있는 것에 국한됨이 마땅하다. "모르는 것에 대해서는 입을 다물어라." 그러하니 있다고 말할 수 있는 모든 것은, 우리가 알고 있는 것, 우리에게 다가와 있는 것, 이름하여 '대상(Gegenstand)'이다. 그래서 '대상'이 이제까지 '존재자(ens)'로서 '기체(基體, substratum)' 역할하던 것의 새 이름이 되고, '주체(subiectum)'의 자리에는 무엇인가를 대상으로 규정하는 자, 인간의 주관이 놓였다. ― 이것은 주객전도(主客顚倒)로서, 그야말로 '사고의 변혁'이다. 이를 사람들은 '코페르니쿠스적 전환'이라 일컫는다. 코페르니쿠스적 전환은 공간·시간의 지평에서 일어났다.

보통은 이렇게 이야기한다. "사람이 아는 데에는 한계가 있는 법이다." 그러니까 우리 인간이 모르지만 그래도 있는 것들이 있다. 그런데 이런 말은 칸트에게는 어불성설이다. 우리가 모르지만 그래도 그것은 있다고? 모른다 하면서 어떻게 그것이 "있다"라고 말하는가? 그런 경우에 진실된 인간은 "우리가 아는 한, 그것은 없다." 또는 "우리가 아는 한, 그것은 이러저러하게 있다."라고 말한다. 모든 발언은 우리가 아는 범위 내에서 하는 것이 마땅한 일이다. 모르는 것에 관해 발언하는 것은 권한 밖의 일, 즉 월권이다. 인간이 월권해서는 안 된다. 자기가 모르는 것을 어떻게 알겠는가? 다시 말하면 인간에게 감각 지각이 되는 것, 인간의 사물 인식이 지금 거기에 있다고 규정하는 것, 그것만이 우리 존재 세계에 들어온다. 그런데 그것은 인간의 형식 체계 속에서 규정되는 것이니까 관념이고 현상이다. 그래서 칸트는 '사물 자체'라는 것을 지식 세계에서 퇴출시킨다.

칸트는 감성의 선험적 형식으로 공간과 시간을 내놓음으로써 결국 양화될 수 있는 물리적 자연만을 존재자로 간주한 것이다. 이처럼 칸트는 존재자 결정권을 감성에 귀속시켰다. 포이어바흐(L. Feuerbach, 1804~1872)와 같은 유물론자들이 칸트의 감성론에서부터 이론을 펼치기 시작하는 것도 여기에 근거한다. 왜 유물론자들이 칸트로부터 시작할까? 칸트는 유물론자가 아니다. 그럼에도 유물론자들이 곧잘 칸트로부터 시작하는 이유는 존재 결정권을 감성에 귀속시킨 점에 있다. 우리가 이야기하고 있는 것이 존재자인지 아닌지를 누가 결정하는가? 감성이다. 여기서 중요한 용어의 의미 하나가 바뀌게 된다. 이전에는 '현실적(wirklich, actual)'과 '실재적(real)'이라는 말을 (독일어에서) 구별하여 사용했다. 지금은 구별이 없다. 칸트로 인해 그렇게 되었다. 이전에는 '실재적'이라는 말은 사물 쪽에 있는 것이었다. '실재적'은 라틴어 '사물(res)'에서 파생한 형용사, 이를테면 '사물적(realis)'이라는 말에서 왔음이 그 내력을 보여준다. 어떤 것이 '실재적'이라는 말은 사물의 편이 그렇다는 것이다. 그에 반해 '현실적'이라는 말은 행위자 편의 상황(actus)을 표현한 것이다. 그런데 칸트에 오면 '실재적'인 것은 인간의 인식 활동에 의해 '실재적'인 것으로 규정되는 것이고, 실재적이라고 규정된 것만이 '현실적'으로 있는 것이다. 어떤 것이 '실재적임'은 곧 '현실적임'을 뜻하고, 거꾸로 '현실적임'은 곧 '실재적임'을 뜻한다. 이로써 두 용어가 지시하는 것을 굳이 구별할 필요를 일반인은 느끼지 않게 되었다. 그러나 양자는 여전히 칸트 자신에게 분명하게 서로 다른 것이다. '실재적'은 질(Qualität)의 범주 곧 본질(essentia)에, '현실적'은 양태(Modalität)의 범주 곧 현존(existentia) 방식에 속하는 것이다.

수반의식, 통각의 발견

———

이제 공간·시간 표상과는 다른 종류의 주관 형식, 곧 지성의 선험적인 사고 형식으로 화제를 옮겨보자.

칸트는 인간 의식에 선험적으로 갖추어져 있는 4종 12개의 순수 지성개념들, 즉 ①양: 하나[단일, 단위]·여럿[다수]·모두 [전체], ②질: 실재성[실질성, ~임, ~함]·부정성[~아님, ~아니함] ·제한성[~는 아님, ~이지는 않음], ③관계: 실체와 우유성[자존 성과 내속성]·원인과 결과[인과성]·상호성[능동자와 수동자의 상 호작용], ④양태: 가능성[있을 수 있음]-불가능성·현존[실제로 있 음, 실존]-부재[실제로 없음]·필연성[반드시 있음]-우연성(KrV, A80=B106; Prol, A86=IV303 참조)을 사고의 형식, 곧 범주라고 일컫는다. 이들 범주에서의 사고작용, 그것이 통각이다. 여기서 '통각'의 개념이 새롭게 형성되는데, 바로 이 지점이 철학사의 또 하나의 분수령을 이룬다.

적지 않은 사람들이 『순수이성비판』에서 가장 중요한 부분이 범주로 기능하는 '순수 지성개념들의 연역'이라고 말한다. 그 연역론을 잠시 훑어보기로 하자.

1781년에 『순수이성비판』의 A판이 나오고, 그 2년 후인 1783년에 『형이상학 서설』이 나온다. 그리고 다시 4년이 지난 1787년에 『순수이성비판』 B판이 나온다. 그런데 칸트는 『비 판』의 B판에서 중요한 몇 곳을 고쳐 썼다. 분량으로만 보면 고쳐 쓴 부분이 그렇게 많지는 않다. 그런데 중요한 부분들을 고 쳤다는 점에 주목해야 한다.

'감성학'과 '원칙론'을 일부 고쳐 쓰고, '연역론'과 '오류추리 론'은 완전히 새로 썼다. 나머지는 A판 거의 그대로이다. 칸트 가 그의 '초월철학'의 내용 설명에 요긴한 일부분만 고쳐 써서 A판에 끼워 넣었기 때문에 B판만을 읽으면 앞뒤 말이 안 맞는 다. 고친 부분과 고치지 않은 부분에 내용상 서로 맞지 않는 것 이 있다. 1781년 처음 책을 낸 다음에 사람들이 그것을 읽고 나 서 그다지 우호적인 평들을 하지 않으니까, 그에 반응해서 우선 『형이상학 서설』을 내서 해명하고, 이후에 원저를 수정하여 재 출간한 것이다. 그렇게 하여 『순수이성비판』 A판, 『형이상학 서 설』, 『순수이성비판』 B판은 같은 주제를 다루었으되, 다소 서 술과 주장이 다른 세 책이 되었다. 나는 이 점을 주목하면서, 이

『형이상학 서설』 원서 표지

셋의 내용이 서로 다른 부분은 B판을 중심으로 읽는다. B판에 표현된 것이 칸트의 최종 생각일 것이므로, 그렇게 해야 한다고 보는 것이다. 그런데 앞서 말한 대로 B판만 읽으면 앞뒤 말이 잘 안 맞는 곳이 있다. B판에는 A판에서의 생각이 (수정되지 않은 채) 남아 있는 부분이 있기 때문이다. 그래서 나는 이렇게 읽는다. 즉 나는 칸트 친구니까 칸트에 우호적인 자세로 접근해, '만약 칸트가 B판에서 A판 내용을 전부 다 고쳐 썼다면 이렇게 고쳤겠지?'라고 생각하며 읽는다. 어긋나는 부분에 이르면, "뭐 이렇게 앞뒤 말도 안 맞게 말하나."라고 타박하기보다는, '이렇게 말을 어긋나게 하면서까지 칸트가 진심으로 말하고 싶어한 것은 무엇일까?' 하는 마음으로 해독한다. 특히 고쳐 쓴 연역론에 이어지는 도식론은 그렇게 읽지 않으면 안 된다.

이러한 독서는 이미 일종의 해석이라 할 수 있다. 어떤 사람은 앞뒤 말이 맞는 것은 A판이니까 A판대로 읽어야 한다고 주장한다. 이를테면 하이데거가 이렇게 이야기하는 편이다. 하지만 나는 그렇게 생각하지 않는다. 칸트가 이미 고쳐 썼는데, 칸트 자신이 고친 것을 굳이 안 고친 것처럼 읽을 필요가 있겠는가? 그것은 말이 안 된다고 생각한다. 칸트가 고쳤으면 고친대로 읽어주는 것이 독자로서의 바른 자세이다. (물론 칸트 이해하기가 목적이 아니라 칸트 독서를 계기로 자기 생각을 펼치는 것이 목적이라면 사정은 다르겠다.) 다만 일부만 고쳤기 때문에 내용상 서로 어긋나는 것은 그냥 칸트 편이 되어서 우호적으로 살펴서 읽어주자. 나는 이렇게 해석을 해서 읽는다. 이 부분에 대해 칸트 해석자들 사이에 차이가 있다는 점을 참고하기 바란다. 다시 '연역론'으로 돌아와서 이야기해야 하는데, 연역론도 나는 B판을 중심으로 읽는다. A판은 참고만 할 뿐이다. B판 연역론의 주인공이 통각이다.

앞서 감성의 형식인 공간과 시간에 대해서 이야기했다. 이제는 지성의 형식을 살펴보기로 하자. 지성의 형식이라는 것이 바로 범주(Kategorien)이다. 범주가 무엇인가? 통각을 허브(hub)에 비유하면 범주는 스포크(spoke)이다. 통각은 범주에서의 사고 작용이다. ― '통각(統覺)'이라는 번역어가 썩 좋지는 않다. perceptio를 '지각(知覺)'으로 번역한 발상을 이어 apperceptio를 '통각'이라고 한 것으로 추정되는데, '지각'은 무난하지만, 칸트의 경우 '통각'은 '각(覺)' 곧 깨달음이나 느낌이라기보다는 의식의 통일 작용을 지칭한다. 장차 누구든 '통각'보다는 원래의 뜻에 더 알맞은 새 한국어 번역어를 찾아내는 것이 좋을 것 같다.

근대철학이 데카르트에서 시작된다고 말하는 것은, 그가 절대적으로 확실한 앎을 "나는 생각한다. 그러므로 있다."에서 보았기 때문이다. 더 이상 의심할 여지가 없는 것은, 나와 내가 무엇인가를 의식한다는 것, 그러니까 나의 의식에 무엇인가 의식된 것이 있다는 지각이다. 그러니까 나는 생각한다 무엇인가를, 나는 꿈을 꾼다 무엇인가를, 나는 느낀다 무엇인가를, 나는 감각한다 무엇인가를…. 그러니까 감각하고 꿈꾸고, 느끼고, 생각하는 나가 있고, 그 나가 여러 가지를 의식한다는 것은 명료하고 분명한 지각이다. '내가 무엇인가를 의식함(ego-cogito-cogitatum)'을 데카르트는 '명료하고도 분명한 지각(clara quaedam & distincta perceptio)'이라 하고, 이를 진리의 '일반적 규칙'으로 삼았다. 그런데 "내가 무엇인가를 의식한다."는 사태 자체가 나의 의식 내용이다. "나는 내가 무엇인가를 의식한다는 것을 의식한다(ego-cogito-me-cogitare-cogitatum)." 앞의 의식을 지각(perceptio)이라 한다면, 지각에 대한 의식은 수반의식(ad+perceptio) 곧 통각(apperceptio)이라 하겠다. 이렇게 해서 칸트의 '통각' 개념이 형성되었다.

통각은 라틴어로 'apperceptio', 독일어로는 'Apperzeption'이라고 표기한다. 직역하면 '부수지각'이라는 뜻이다. 덧붙여지는 지각이라고 할 수 있다. 라틴어 'perceptio'를 독일어로 '의식(Bewußtsein)'이라고도 옮기므로, 'apperceptio'는 내가 의식함을 내가 의식한다는 의미에서, 칸트는 이를 '자기의식(Selbstbewußtsein)'이라고 번역하여 말하기도 한다.

내가 의식한다는 것을 내가 의식함을 자기의식이라고 말한다. ― 반면에, 칸트는 내가 무엇인지를 앎, '나'라는 대상을 앎을 자기인식이라 일컬어 자기의식과 구별한다. ― 칸트의 통각은 그런 의미에서 자기의식이다. 그런데 왜 칸트는 자기의식으로서의 통각을 생각하게 되었을까? 그것은 통각을 전제하지 않고서는 '하나의 사물'이라는 개념이 성립할 수 없기 때문이다.

내가 앞마당에 있는 사과나무에서 빨갛게 잘 익은 둥근 사과를 한 개 발견한다. "그 사과는 빨갛고, 둥글고, 향긋한 냄새도 풍긴다." 그런데 둘러보니 다른 가지에도 또 하나의 '빨갛고, 둥글고, 향긋한 냄새를 풍기는 사과'가 있고, 또 그 옆에도 있고, 또 그 옆에도 있다. 편의상 먼저 발견한 사과를 '사과A'라 하고, 나중에 눈에 띈 사과를 '사과B', '사과C', '사과D', …라고 하자. 그런데 그 사과들을 구성하고 있는 감각자료들은 a, b, c, d, e, f, g, …이다. 이때 어떻게 해서 감각자료 a, b, c, d는 사과A을 이루고, a, b, c, e는 사과B를 이루는가? 이른바 실재론자들은 감각자료들의 통일의 기체(基體)로 '사물 자체', '실재하는 것', '실체' 등을 생각했다. 그러나 그러한 실체 개념은 버클리와 흄의 사변을 거치면서 설 자리를 잃었다. 그러면 우리는 잡다한 감각소여들을 지각할 뿐, '하나의 사과'는 지각하지 못하는가? 우리가 '하나의 사과'를 경험한다는 사실은 의심할 여지가 없으므로, 만약 어떤 이론체계가 이 사태를 설명하지 못한다면 그 이론체계는 버릴 수밖에 없다. 그때 칸트는 감각자료들의 통일의 기체(基體)를 '내가 의식함'에서 보았다. 나의 의식이 잡다한 감각들인 b, k, o, o를 일정한 방식으로 통일하여 'book'을 만들고, 또 a, e, l, p, p라는 소여를 'apple'로 통일하여 자연을 인식

한다. 이것을 수행하는 것이 통각이다. 이를 두고 칸트는 그에서 통각이 작용하는 "순수 지성개념들은 말하자면 단지, 현상들을 경험으로 읽을 수 있도록 그것들을 철자화하는 데 쓰일 뿐이다."(Prol, A101=IV312)라거나, 통각이라는 "우리의 인식력이 현상들을 경험으로 읽을 수 있도록 그것들을 한낱 종합적 통일에 따라 철자화하는 것"(KrV, A314=B371)이라고 말한다. 통각 작용 없이는 우리는 자연현상 세계에서 '하나의 사물'을 인식할 수도, 그 하나의 사물의 변화도 지각할 수가 없다. 이러한 사정은 로크의 진리론과 흄의 현상론을 살펴보면 곧바로 알 수 있다.

실재론적 '진리' 개념의 문제

로크 같은 실재론자들은 참인식과 관련하여, 내가 아는 내용이 진짜로 있는 것과 합치하면 그것을 참된 지식이라고 한다. 그런데 '진짜로 있는 것'은 무엇을 말함인가? 어떤 것이 진짜로 있는 것인지, 내가 있다고 아는 것이 진짜로 있는 것인지 어떤지를 우리는 어떻게 아는가?

예를 한번 들어보자. 내가 지금 이 방에 사람이 100명이 있다고 안다고 치자. 나의 앎은 참일까 거짓일까? 당연히 세어보면 판가름날 것이다. 그래서 세어본다. 그랬더니 정확히 100명으로 헤아려졌다. 그러면 내 앎은 참이라고 인정해야 한다. 그런데 이에 대해 누군가가 이렇게 이야기한다고 치자. "그건 당신이 센 거 아니오? 여기 100명이 있는 게 아니라 당신이 세어본 결과가 100명이지. 이 방에 진짜로 100명이 있는지 어떤지 아직 확실한 건 아니잖소?" 그래서 "한 번 더 세어보면 알 수 있을 거 아녜요?" 하고, 다른 이가 세고 나니까, "그것 역시 이 사람이 헤아린 것이 100명인 것이지." 이렇게 반응한다.

이러한 사태는 무엇을 말하는가? 결국 인간이 알 수 있는 것은 '그' 또는 '나'라고 하는 인간이 아는 것일 따름이라는 것이다. 자기가 세어본 것, 자기가 본 것, 그것만을 확실하다고 한다. 그러니까 내가 본 것이 그가 본 것과 같으냐는 비교할 수 있지만, 내가 본 것이 진짜로 있는 것이냐를 확인할 방도는 없다. 이 방에 있는 100명이 무엇을 똑같게 본다거나 똑같게 알고 있다거나는 말할 수 있어도, 그 100명이 똑같게 본 것이니 그것은 진짜로 있는 것이라고 말할 수는 없다. 그렇게 말한다면, 100명의 의견 합치가 진짜 여부를 결정한다, 진리가 만장일치로 또는 다수결로 결정이 된다는 것인데, 정말 진리는 그러한 것일까? 5,000만 국민이, 아니 60억 인류가 철석같이 확인하고 믿은 '진리'가 거짓으로 드러난 것이 숱하게 많지 않았던가….

그렇기에 "그것은 '진짜로 있는 것'이야!" 하는 말은 실로 쉽게 쓸 수 있는 말이 아니다. 로크식의 진리론은 진리의 이상을 설명하는 데 활용될 수 있을 뿐, 진리 판가름의 척도로는 사용할 수가 없다. 기껏해야 내가 아는 것은 A인데, 그것이 내가 알지도 못하는 것인 '진짜로 있는 것' X와 일치하는지를 어떻게 알겠는가? 모르는 것을 X라고 하니까, X는 그냥 모르는 것이다. 그런데 아는 것과 모르는 것이 일치하는지 어떻게 알 수 있겠는가? 아는 것 A와 아는 것 B를 대조할 수는 있지만, 아는 것 A나 B를 모르는 것 X에 대조할 수는 없다.

여러분은 진짜로 있는 것을 무엇에 근거해서 말할 수 있겠는가?

칸트는 '실재'를 말하되, 가능한 인식의 한계 내에서 말한다. 무엇인가가 나를 건드려서 나에게 a, b, c, d, e, … 같은 이런 자료가 생긴다. 나에게 잡다한 자료가 주어진 것이다. 그러면 내 인식 능력이 그렇게 뒤섞여 있는 것들을 의미 있게 모아서 정리한다. 인식은 존재 세계에 대해 의미를 부여하는 의식 활동이다. "아! 이런 것은 이렇게 읽어볼까?" 하고 눈앞에 들어온 사물을 읽는 것이 사물 인식이다. 그러니까 인식이라는 것은 세계의 잡다한 재료에 의미를 부여하는 것이다. 잡다한 자료를 정리 배열하는 것은 나이니, 내가 뒤섞여 있는 자료를 추려내어 "이것은 사과A다."라고 규정하는 것이다. 이 세상에 수없이 많은 원소가 뒤섞여 있는데, 어느 시점 어느 공간에서 어떠어떠한 것들을 묶어서 이것은 '배B', 이것은 '소C'라고 내가 정한다. 그러나 유사한 원소들이 다른 시점 다른 곳에서는 '강아지A'로, 또 '사슴D'로 인식되기도 한다. 그때마다 주어지는 잡다한 소재들을 하나의 사물로 묶는 것은 내가 한다. 그런데 로크는 그 묶는 일을 내가 하지만, 어떤 것을 A로 또는 B로 묶는 것은 a, b, c, d, e가 A로부터 나왔고, a, b, c, d, f는 B에서 나온 것이기 때문에, 그렇게 묶는 것이라는 논변을 폈다. 이러한 논변은 인식 이전에 이미 어떤 것의 실상을 알고 있음을 말하는 것으로, 칸트는 이를 '초월적 실재론'이라고 일컬었다. 칸트에서 실재는 경험의 한계 내에 있기 때문에, 반면에 자신의 이론을 '경험적 실재론'이라고 불렀는데, 실재가 경험에 의존한다고 주장함을 관념론이라고 하니까, 칸트의 '경험적 실재론'은 일종의 관념론이다.

흄의 회의론과 동일성 문제

로크의 '실체'는 인식도 하기 전에 있는 것으로 전제된 '신비체'일 수밖에 없는 것이기에, 흄은 회의론으로 나갈 수밖에 없었다. "너 어떻게 알아? 혹시 신이 개입을 했는지, 네가 꿈을 꿨는지, 그걸 어떻게 알아?" 흄은 이렇게 되묻는다. 흄처럼 질문을 하게 되면, 감각인상들 a, b, c, d, f를 A로 또는 B로 묶을 끈, 근거가 어디에도 없다. 심지어 흄은 '나', 자아라는 것마저 그때그때의 '지각들의 묶음'일 뿐이라고 한다. 흄에게는 도무지 고정불변적인 것이란 없다. 흄에 의하면 자아란 다채다양한 것이다.

지각들의 묶음에서 그 지각들은 시시각각 바뀌기 때문이다. 그런데 흄의 말이 맞다면 우리의 일상생활은 어떻게 될까?

예를 들어 하나의 상황을 살펴보자. 그저께 내가 어떤 사람과 오늘 정오에 한 식당에서 만나기로 약속을 했다. 그런데 오늘 그가 약속 장소에 나타나지 않았다. 그래서 내가 무슨 사정으로 오지 않느냐고 전화로 추궁하니까 그가 이렇게 답한다. "내가 언제 누구와 무슨 만남 약속을 했다고? 그저께 그 사람이 약속한 걸, 왜 지금 나에게 추궁하는 거야." 흄의 세계에서는 이런 일이 다반사일 것이다. 그저께 약속한 자는 '지각들의 묶음A'이고, 지금 전화받은 이는 '지각들의 묶음B'이니까. 그리고 약속하고 지키는 것은 동일자들 사이의 일이니까. 흄의 세계에서 약속은 거의 의미가 없으며, 특히 기한 후에 상환을 약속받고 돈을 빌려주는 일은 이미 낭패를 예약하는 꼴이다. 돈을 빌려간 사람은 돈을 갚아야 할 시점에는 더 이상 없을 것이니 말이다. 자아의 동일성이 없는 데서 돈을 빌려주어서는 안 된다. 결코 못 받는다. 내가 받으러 가면, 다른 사람이 맞을 것이다.

흄의 세계에서는 약속도 의미가 없을 뿐만 아니라, 행실에 대한 상벌도 할 수가 없다. 누가 공을 세웠는데, 이튿날 상을 주려고 하면, 그는 이미 다른 사람이다. 누가 범법을 하여 재판에 회부하니, 매일 다른 사람이 되어가는데, 대체 누구를 상대로 추궁을 한다는 말인가. 흄의 이론대로라면 자연 사물의 변화도 말할 수가 없다. 내가 작년 수목시장에서 사다가 내 마당에 새로 심은 사과나무가 일 년 사이에 1m가 더 자라서 지금은 키가 2m가 되었다. 1년 사이에 큰 변화가 있었다. 그런데 이 '변화'는 1년 전 수목시장에 있던 키 1m짜리 사과나무A가 지금 내 마당에서 자라고 있는 키 2m짜리 사과나무와 동일하다는 전제 아래서만 쓸 수 있는 말이다. 만약 물체라는 것이 어느 시점 어느 장소에의 지각들의 묶음에 불과하다면, 수목시장에 있던 사과나무A의 지각내용과 지금 내 마당의 사과나무의 지각내용이 판이하니, 이것은 사과나무B라고 해야 할 것이고, 그렇게 되면 사과나무A와 사과나무B는 서로 다른 나무인데, 그것들 사이에 무슨 변화를 말할 수 있겠는가. 변화하지 않는 것을 전제하지 않으면 '변화'를 말할 수 없다. 그래서 칸트는 오로지 고정불변적인 것만이 변화한다(KrV, A187=B230이하 참조)라고 말한다.

흄은 자아의 동일성을 유사성으로 대체해보려고 '습관'을 사례로 드는데, 이 또한 흄의 세계에서는 자리를 얻을 수 없는 개념이다. 습관이라는 것이 무엇인가? 오철수가 아침마다 늦게 일어나면 그것을 늦잠 자는 습관이 있다고 말한다. 오늘 아침에는 오철수가 늦잠 자고, 다음날 아침에는 오철구가 늦게 일어난다 해서, 누가 늦잠 자는 습관이 있다고 말하지 않는다. 습관은 동일자의 반복적인 동일한 행동을 두고 이르는 말이다. 흄의 이론대로라면 세상 어디 서로 다른 시간상에 동일한 자는 없으니, 아침마다 서로 다른 사람이 늦게 일어나는 현상이 있을 따름이다. 거기에 무슨 습관이 있겠는가.

흄의 이론체계로는 우리의 생활 세계를 설명할 수 없다. 우리는 약속하고, 기억도 하고, 예상도 하면서 살고 있다. 어딘가에 동일성을 전제하지 않으면 우리의 생활 세계는 유지될 수 없다. 흄에서는 사물 세계에도 동일성이 없다. 가령 로크는 동일성의 근거를 사물 자체라는 실체에 두었는데, 흄으로서는 '실체' 개념 자체를 폐기하니 말이다.

칸트도 사물 세계에서 실체를 찾을 수 없다는 흄의 말이 옳다고 본다. 칸트도 "데이비드 흄의 환기"가 그의 "교조적 선잠"(Prol, A13=IV260)을 중단시키고, 사변철학 분야에서 전혀 다른 방향을 제시했다고 술회한 바 있다. 흄이 지적한 대로 자연세계에서 실체를 찾을 수 없다. 그러나 고정불변적인 것, 곧 실체를 놓지 않고서는 자연세계의 사물의 변화를 해독할 수가 없다. 그래서 칸트는 '실체'를 인간의 의식, 통각작용에 두었다. 실체는 자연 안에 있는 것이 아니라, 인식 주관인 인간의 의식이 자연을 인식하기 위해 자연 안에 집어넣는 순수한 지성개념이다.

자연 인식은 인간이 개념을 집어넣어 자연을 읽는 것

칸트는 동일성의 토대를 나의 자기의식, 곧 통각에 둔다. 이 통각이 실체 개념을 가지고 잡다한 감각인상들 안으로 넘어 들어가 그 잡다한 것들을 통일하여 어떠어떠한 사물로 인식한다. 이것이 이른바 "자기의식의 초월적 통일"(KrV, B132)이다. 그리고 이렇게 통각의 초월적 통일에 의해 인식된 사물들의 집합이 자연세계이다.

이로써 "나는 무엇을 알 수 있는가?"라는 물음에 대한 답을 얻었다. 인간으로서 나는 순수한 지성개념으로 통일할 수 있는 것, 곧 공간·시간상에서 직관한 것만을 인식할 수 있다. 그러니까 인간에게 가능한 앎의 대상은 자연세계뿐이다. 자연세계는 인간이 인식한 대상들의 총체를 말한다.

그런데 자연세계의 사물들이란 사람이 그때그때 그러한 것이라고 묶어서 생각한 것이다. 사과나무A든, 배나무B든, 그 자체로 있는 것이 아니라, 그것으로 인식하는 주관이 주어지는 소재를 가지고 그러한 것이라고 규정(Bestimmung)한 대상이다. 그 규정작용, 즉 형식(Form)화 작용이 그치면, 더 이상 사과나무A도, 배나무B도 우리 눈앞에 없다. 이로써 감각경험된 것만이 실재한다는 '경험적 실재론'으로서의 칸트 초월철학의 대강이 설명되었다.

남는 문제는 없는가? 칸트적 사고에도 문젯거리는 남아 있다. 남은 문젯거리가 없다면 인식론은 칸트로써 완성된 것이다.

칸트에 의하면 통각이 자기의 작용 개념들을 가지고 감각 소여들을 종합 통일을 하는데, 그때 무엇을 근거로 한쪽에는 사과나무A를, 다른 쪽에는 사과나무B를 묶어 내놓는가?

감각인상들이 잡다하게 주어지지만, 감각인상들은 무엇인가가 우리 감성을 자극함으로써 생기는 것이다. 그러니까 감각인상들에는 그것들을 야기하는 것이 있다. 무엇인지는 모르지만 그것이 감성의 "진짜 대응자"이니, 이를 "사물 그 자체"(KrV, A30=B45)라고 부를 수 있고, 이것이 "통각의 통일의 상관자"(KrV, A250)이지 않겠나 하는 칸트의 내심이 『순수이성비판』의 곳곳에서 비쳐지고 있다. 이런 생각이 칸트의 진심이라면, 칸트의 사색은 로크로부터 몇 걸음이나 더 나갔을까?

이러한 반문 끝에 칸트의 한참 후배인 야코비가 칸트를 몰아붙였다. '사물 자체'라는 개념 없이는 칸트의 순수이성 비판에 발을 들여놓을 수가 없고, '사물 자체'의 개념을 가지고서는 순수이성 비판의 체계에 머물 수가 없다.(Jacobi, "David Hume über den Glauben; oder Realismus und Idealismus. Ein Gespräch", 수록: *Werke* Bd. II, Leipzig 1815. 복간본: Darmstadt 1976, S. 304 참조)

더 좋은 이론체계를 기다리며

이제 정리해보자.

사물 인식은 나의 통각 작용에 의해 감각 소여가 '사과나무A'로 묶인 것이다. 내가 묶기는 묶었지만, 왜 나는 그것을 하필 '사과나무A'로 묶는가? 그런데 나뿐만 아니라, 그것을 보는 사람들은 모두 한결같게 거기서 '사과나무A'를 인식하지 않는가? 거기에는 그것을 '사과나무A'로 인식하도록 하는 무엇인가가 있지 않을까? 이쯤에서 칸트는 넌지시 우리에게 인식 질료를 건네는 어떤 것, "초월적 대상"(KrV, A358·A366 참조)이라는 말까지 흘린다.

형식과 질료의 상응자로 '초월적 주관'과 '초월적 대상'을 놓지 않으면 칸트 인식론의 완결을 기대할 수가 없다. 그러나 '초월적 주관'과 '초월적 대상'을 발설하는 순간 칸트의 인식론, 현상 존재론이 허공에 뜬다. 여기서 우리는 칸트 이론의 한계점에 부딪친다.

그러나 이 한계는 비단 철학자 칸트의 한계라기보다는 현시점에서는 인간의 지혜의 한계라 해야 할 것이다. 야코비만 하더라도 칸트를 통렬하게 비판하고 비난했으며, 그를 받아 헤겔 역시 비웃듯 칸트의 난점을 지적했지만, 그렇다고 칸트 인식론을 뛰어넘는 이론체계를 내놓지는 못했다. 누군가가 쌓은 성이 거칠고 균형이 맞지 않다고 허물을 들춰내는 예리한 눈을 가진 자가 그보다 더 훌륭한 성을 쌓을 손을 가진 것은 아니다.

칸트의 초월철학 체계보다 더 흠결 없는 이론체계가 누구에 의해서든 나오면, 칸트 인품의 미덕은 우리 마음속에 남더라도 그의 학설은 차츰 지워질 것이다. 하지만 칸트보다 더 좋은 설명 방식이 아직은 없다. 그러니까 칸트철학이 완전한 것은 아니지만, 인간의 지혜가 이쯤까지 와 있다고 말하는 것이 온당하겠다.

***

[질의응답 1]

질문 칸트학계에는 여전히 칸트철학 중심 용어 '트란첸덴탈 (transzendental)'의 번역어에 대한 이견이 있다. 이 용어를 '초월 적'으로 번역해서 사용하는 것이 더 합당한 이유를 설명해 달라.

답변 어원상으로 볼 때, 독일어 낱말 '트란첸덴탈(transzen-dental)'과 '트란첸덴트(transzendent)'는 각각 '초월하다' 혹은 '넘 어가[서]다'의 뜻을 갖는 라틴어 동사 '트란첸데레(transcendere)' ― 독일어 직역 'hinübersteigen', 'überschreiten' ― 에서 유 래한 중세 라틴어 형용사 '트란첸덴탈리스(transcendentalis)(초월 한, 초월적)'와 분사 '트란첸덴스(transcendens)(초월하는, 초월해 있는)' 의 독일어 형태이다.

이 말들의 번역어로 같은 한자문화권의 일본인들은 과거에는 '트란첸덴탈'을 주로 '先驗的[선험적]'이라고 번역하다가 1990 년대 후반부터는 대개 '超越論的[초월론적]'으로 바꿔 쓰고, '트 란첸덴트'는 '超越的[초월적]'이라고 쓰고 있다. 반면에 중국어 번역본에서는 '트란첸덴탈'이 '超越的[초월적]'과 '先驗的[선험 적]'으로, '트란첸덴트'는 '超離的[초리적]'과 '超越的[초월적]'이 라고 옮겨져 있는 것을 본다. 동일한 한자어라 해서 어디서나 동일한 의미로 사용되는 것은 아닐 것이지만 참고할 만은 하다.

이 두 용어가 한국어 역서에서는 더욱 다양하게 옮겨져, '트란첸덴탈'을 '초월적', '초월론적', 이외에도 '정험적(定驗的)', '선험적' 또는 '선험론적', '초험적(超驗的)' 등으로, '트란첸덴트'는 '초험적', '초월적', '초재적(超在的)', '초절적(超絶的)' 등으로 새기고 있다. 이렇게 갖가지로 번역되고 있다는 사실은 어떤 한국어 낱말도 칸트의 원용어의 뜻을 충전하게 반영하지 못하는 실정을 드러내 보이는 것이라 할 것이나, 사정이 이러할 때는 어원에 충실하게 문자대로 번역하고, 미흡한 부분은 역주로 보완하는 것이 상책이라고 본다. 그래서 나는 '트란첸덴탈(transzendental)'은 '초월적'으로, '트란첸덴트(transzendent)'는 이와 구별하기 위해 '초험적'으로 번역하여 사용하고 있다. ― 그러나 '트란첸덴트(transzendent)'도 신학적 견지에서 능동성 함축을 드러내주기 위해서는 '초월적'으로 옮겨도 무방하겠다. '초험적'은 '초재적'처럼 정적인 상태만을 표현하듯이 보이기도 하니 말이다. ―

칸트 3비판서와 『형이상학 서설』에 '트란첸덴탈(transzendental)'은 대략 950곳에, '트란첸덴탈-필로소피(Transzendental-Philosophie)'는 대략 70곳에서 사용되고 있는데, 80퍼센트 정도가 『순수이성비판』과 자매서인 『형이상학 서설』에서 쓰이고 있으니, 이 두 용어는 『순수이성비판』의 고유 용어이자 핵심 용어라고 해도 과언이 아니다.

『순수이성비판』에서 용례를 보면 '트란첸덴탈(transzendental)'
은 대체로 세 가지의 의미로 사용되고 있다.

1) 가장 많은 경우에, '트란첸덴탈(transzendental)'은 '트란
첸덴트(transzendent)'와 의미상의 차이 없이 사용된다. 칸트는
'초월적(traszendental)'이 한낱 "[경험의] 한계를 넘어간다"(KrV,
A296=B353)라는 의미를 갖는 '초험적(transzendent)'과는 "동일
한 것이 아니다"(KrV, A296=B352)라고 말하며, 그렇기 때문에
양자는 구별되어야 한다고 스스로 주장하면서도, (관행에 따라
서 또는 무심코) '초월적'을 '초험적'과 동의어로 사용하고 있다.
예컨대 "초월적 이념"(KrV, A327=B383)과 "초월적 사물"(KrV,
A682=B710)처럼 특히 '초월적 변증학'에서 그러하다. 그뿐만
아니라 범주의 경험적 사용과 "초월적"(KrV, A139=B178) 사용
을 대비시켜 말할 때도 그러하다. 이런 경우들에서 이 두 말은
오랫동안 그렇게 사용되어왔듯이 칸트 역시 교환 가능한 말로
쓰고 있는 것이다.

2) 그다음으로 적지 않은 경우 '초월적'이 '초험적'과 완전한
동의어는 아니지만, 거의 그러한 의미 연상 속에서 사용되고 있
다. 가령, 공간·시간 표상이 경험적 실재성과 함께 "초월적 관
념성"을 갖는다(KrV, A28=B44 ·A35이하=B52 참조)고 말할 때,

이 말은, 주관적인 표상인 공간·시간은 가능한 경험적 대상 즉 현상과 관련해서 바로 그 대상의 실재성 즉 대상성을 이루지만, 경험의 한계를 벗어나 있는 초험적인 것 즉 사물 자체와 관련해서는 한낱 관념에 불과함, 그러니까 아무것도 아님을 의미한다. 이 경우 '초월적'은 '경험적인 것을 벗어나서', '경험과 무관한' 정도를 의미한다 하겠다. "초월적 관념론"(KrV, A369; Prol, A141=IV337 참조)이니 "초월적 실재론"(KrV, A369 참조)이니 하는 개념에서의 '초월적'도 이런 경우들이라 하겠다.

3) 그러나 칸트 자신도 그렇게 일컬었고 또 오늘날 칸트 이론 철학의 대명사가 된 초월철학에서의 '초월적'의 의미는 어원상 으로 친족어인 '초험적'과 충분히 잘 구별될 뿐만 아니라, 이 용어의 원조인 스콜라철학에서의 용법이나 내용과도 판이한 경우이다.

칸트는 처음으로 『순수이성비판』에서 '초월철학'의 이념을 천명하면서, 우선 "대상들이 아니라 대상들에 대한 우리의 인식방식을 이것이 선험적으로 가능하다고 하는 한에서 일반적으로 다루는 모든 인식을 초월적이라 부른다."(KrV, B25) 이때 '초월적'이라는 말은 "결코 우리 인식의 사물들과의 관계가 아니라, 단지 인식능력과의 관계만을 의미"(Prol, A71=IV293)한다. 그러니까 초월적 인식은 그 자체가 하나의 대상 인식이 아니라, 대상 인식을 가능하게 하는 정초적 인식, 곧 표상이나 개념 또는 원리를 말한다. 칸트가 이렇게 '초월적'이라는 용어를 정의하고서 『순수이성비판』을 서술했음에도 '괴팅겐 서평'(아카넷, 『형이상학 서설』 부록 참조)에서 보듯 많은 독자들이 여전히 재래의 의미대로 '초월적'을 '모든 경험을 넘어가는'으로 오해하고 있기 때문에 이를 시정하기 위해 『형이상학 서설』의 부록을 통해 용어 '초월적'을 재정의한다. 이 정의가 '초월적'의 의미를 가장 충전하게 밝힌 것이라 할 것이다.

> "낱말 '초월적'은 [⋯] 모든 경험을 넘어가는 어떤 것을 의미하는 것이 아니라, 모든 경험에 선행하면서도(즉 선험적이면서도), 오직 경험 인식을 가능하도록 하는 데에만 쓰이도록 정해져 있는 어떤 것을 의미한다."(Prol, A204=IV373)

그러니까 '초월적(transzendental)'은 통상 '모든 경험을 넘어가는 어떤 것'을 뜻하는 말이지만, 그러나 칸트에서는 ①'모든 경험에 앞서는', 즉 '비(감각)경험적'(AA XX, 260 참조)이고 '선험적(a priori)'이면서, 동시에 ②한낱 '경험을 넘어'가 버리는 것[초경험적]이 아니라, 오히려 '경험 인식을 가능하게 하는(Erfahrungserkenntnis möglich machend)', 요컨대(①+②), '선험적으로 경험 인식을 규정하는(Erfahrungserkenntnis apriorisch bestimmend)'을 뜻한다. 그러므로 인간 의식이 초월성을 갖는다 함은 인간 의식은 본래 선험적 요소 내지 기능을 갖는데, 이러한 요소가 한낱 주관적임을 뛰어넘어[주관 내에만 머무르지 않고 밖으로 나가] 경험 인식을 정초한다, 곧 객관적 타당성 내지 경험적 실재성을 갖는다 함을 말한다.

칸트의 이러한 '초월적(transzendental)'이라는 용어의 의미 규정으로 인하여 그 이후 독일어 사전에서 이 낱말은 두 가지 뜻으로, 곧 a) 스콜라철학에서는 '모든 범주와 유개념을 넘어서는'을 뜻하고; b) 칸트철학에서는 '모든 주관적 경험에 앞서 있으면서, 대상들에 대한 인식을 비로소 가능하게 하는'을 뜻한다고 풀이되어 있다.

'트란첸덴탈(transzendental)'이 칸트 초월철학의 중심 용어이기는 하지만 그렇다고 '초월철학적' 의미로만 사용되는 것은 아니므로, 위에서 살펴본 세 가지 사례에 두루 맞는 한국어 낱말로 번역어를 선정하는 것이 합당하다고 본다. '선험적(先驗的)'이나 '초월론적(超越論的)'이나 '선험론적(先驗論的)' 등은 모두 '트란첸덴탈(transzendental)'의 용례 3)만을 고려한 것이다. 이러한 번역어를 용례 1)이나 2)에 사용할 수는 없을 것이다.

더구나 '선험적(先驗的)'은 예전의 일본 학계 대부분과 지금의 중국 학계에서 일부가 사용하고, 한국 학계도 그런 영향을 받아 그간 많이 써오긴 했지만, 이 낱말은 한국어 어감으로는 오히려 '아 프리오리(a priori)'의 번역어로 사용하는 것이 적합하다. 칸트에서 '아 프리오리(a priori)'는 "모든 경험으로부터 독립적으로"(KrV, B3 ·A2 참조), "모든 현실적인 지각에 앞서"(KrV, A42=B60), "대상에 대한 모든 지각에 앞서"(KrV, B41)를 뜻하는 용어이니 말이다.

'초월론적(超越論的)'이라는 번역어는 현재 일본의 칸트학계 및 현상학계 그리고 한국의 현상학계에서 선호하고 있는데, 현상학에서는 '트란첸덴탈(transzendental)'의 칸트 용례 1)이나 2)와 같은 경우가 없으니까, 그렇게 함 직도 한 것으로 보인다. 그러나 칸트에서는 더 많이 등장하는 용례 1)과 2)에 '초월론적(超越論的)'이라는 번역어를 사용할 수가 없다. 용례 3)의 경우에도 '초월론적 감성학', '초월론적 논리학'과 같은 일부에만 타당한데, 이런 뜻의 '초월론적'으로는 더 많은 사례에서 '트란첸덴탈(transzendental)'이 지닌 '초월하는'이라는 인식 주관의 능동적 활동성을 표현할 수가 없다. 예컨대 형상적 종합이라는 "상상력의 초월적 작용(transzendentale Handlung der Einbildungskraft)"(KrV, B154)은 상상력의 초월하는 능동적 활동을 말하는 것으로, 여기서 '초월적'은 한낱 상상력의 선험적 소질을 지칭하는 것도 아니고, 그렇다고 '초월적 감성학(transzendentale Asthetik)'에서처럼 어떤 이론체계의 초월론적 성격을 지시하는 것도 아니다. 초월철학에서 '초월적'의 핵심적 의미는 경험을 가능하게 하는 '초월하는 의식작용과 그 원리들'의 고유성을 지칭하는 데서 드러난다.

최근에 한국 학계에서 일부가 제안한 '선험론적(先驗論的)'이

라는 번역어는 '초월론적(超越論的)'과 마찬가지로 칸트의 용례
3)의 일부 경우에 적용할 수도 있을 것이나 그 타당성 정도는
역시 '초월론적(超越論的)'과 마찬가지이다. 더구나 이 번역어는
독일어의 다른 낱말 '아프리오리스무스(Apriorismus)'의 한국어
번역어 '선험론/선험주의'와 정면으로 충돌한다. '아 프리오리(a
priori)'를 '선험적'으로 번역하는 한, '선험론적'은 당연히 '아프
리오리스무스(Apriorismus)'에 귀속해야 할 낱말이다.

이런저런 사정을 고려할 때 칸트의 '트란첸덴탈(transzen-
dental)'은 한국어 '초월적(超越的)'으로, '트란첸덴탈-필로소피
(Transzendental-Philosophie / Transzendentalphilosophie)'는 '초월철
학(超越哲學)'으로 번역하는 것이 가장 적합하다고 본다. 다만
한국어 낱말 '초월'이 가진 기존의 의미 일부와의 어긋남이 있
기 때문에, 칸트가 '트란첸덴탈(transzendental)'을 자기 식의 의미
로 새롭게 사용함으로써 독일 학계에서 겪었던 것과 거의 똑같
은 혼선이 있을 수 있으므로, 용어 정착이 될 때까지는 상당한
인내와 주의가 필요할 것으로 본다. 그러나 이 과정을 극복하고
나면 한국 학계도 칸트철학의 수용으로써 한층 풍부해진 어휘
활용과 철학적 사유의 맥락을 잇는 사고활동을 전개할 수 있을
것이다.

칸트의 '트란첸덴탈(transzendental)'을 한국어 '초월적'으로 옮

김은 칸트로 인해 독일어 낱말에 생긴 것과 똑같이 이 낱말의 의미 전환과 함께 이 낱말에 새로운 의미를 부여하는 일이다. 그러나 이러한 어의의 변혁에 따른 다소간의 혼선을 극복하면서 '트란첸덴탈(transzendental)'을 '초월적'으로 옮김으로써, 우리는 '트란첸덴탈(transzendental)'이 지닌 철학사적 맥락, 그리고 칸트가 기도한 '사고의 변혁' 곧 '코페르니쿠스적 전환'의 의미를 명료하게 읽을 수 있다.

어떤 용어에 재래의 의미와는 전혀 다른 의미를 부가하거나 심지어는 반대 의미를 부여하여 사용하는 것은 그 말이 지시하는 사태에 대한 시각의 전환을 요구하는 것이다. 칸트가 스콜라철학을 "옛사람들의 초월철학(Transzendentalphilosophie der Alten)"(KrV, B113)이라고 지칭하고, 거기에서 말하는 이른바 초월자들, 곧 "一(unum)", "眞(verum)", "善(bonum)"을 일러 "소위[잘못 생각된] 사물들의 초월적 술어들(transzendentale Prädikate)"(KrV, B113이하)이라고 말하는 대목에서의 '초월적(트란첸덴탈)'은 칸트가 자기의 철학을 '초월적'이라 일컬을 때와는 그 지칭이 전혀 다르다. 칸트는 동일한 '초월철학'이라는 말로써 전혀 다른 내용을 지칭함으로써 '옛사람들의 초월철학'을 무효화하고 있는 것이다.

칸트 초월철학의 요지는, 그 자체로 있는 것으로 여겨진(받아들여진) 객관(존재자)이 순전히 수용적인 우리를 초월해 있는 것이 아니라, 자기활동적인 주관인 우리가 객관으로 초월해나가 객관을 규정한다는 것이다. 이러한 초월의 주체 변경이 칸트의 '코페르니쿠스적 전환'이 이루고자 하는 바이고, 그것은 '초월적'의 의미가 새롭게 정의됨으로써 성취된다. '선험적(a priori)임'이 인식 주관의 성질, 역량을 뜻한다면, '초월적임'은 인식 능력의 작용, 능동성을 말한다. 선험적 역량을 갖춘 인식 주관이 초월 작용함으로써 사물 인식은 이루어지고, 그렇게 인식된 사물들이 자연세계를 형성한다는 생각이 칸트 초월철학의 요강이다.(백종현, 「칸트철학에서 '선험적'과 '초월적'의 개념 그리고 번역어 문제」, 수록: 한국칸트학회 편,《칸트연구》, 제25집, 2010. 6, 1~28면; 재수록: 백종현 역,『형이상학 서설』, 아카넷, 2012, [덧붙임 2] 참조) — '트란첸덴탈(transzendental)'을 '초월적'으로 옮겨야만, 철학사적 맥락에서 '코페르니쿠스적 전환'의 의미를 제대로 이해할 수 있다.

철학 용어를 사용하고 이해하는 데서 중요한 것은 그 용어의 맥락을 아는 일이다. '트란첸덴탈(transzendental)'이 칸트 인식론과 형이상학의 중심 용어이기는 하지만, 칸트가 지어낸 말도 아니고 칸트 혼자서 사용하는 말도 아니다. 칸트의 이 용어 사용의 연유는, 그가 당대의 독일 프로테스탄트 스콜라 철학자들과의 사상적 대결 중에 스콜라의 옛 '초월철학'을 전복시킬 새로운 '초월철학'을 내놓은 데에 있고, 칸트 이후에도 다수의 사상가들이 유사한 방식으로 이 용어를 사용했다. 그들 간의 '초월적'에 관한 의미 다툼이 그들 각각의 사상의 고유성을 드러냄과 함께 그들 사상의 상호 관련성을 보여준다. 그러므로 비록 서로 다른 의미로 용어를 사용했다 하더라도, 하나의 독일어 낱말 '트란첸덴탈(transzendental)'을 하나의 한국어 낱말 '초월적'으로 옮기는 것이 합당하다. 이렇게 해야만 이 말로 지칭되는 사상들의 상호 연관성과 역사적 맥락을 알 수 있기 때문이다.

누가 왜 어떤 계기로 같은 말에 새로운 의미를 부여하여 사용했는지를 앎은 고전 공부를 통해, 대를 이어가는 사유의 전개, 굴절과 비약을 익히면서 자기 생각을 배양해나가는 좋은 길 중의 하나이다. — 자연언어로 표현되는 개념어들은 많은 경우 다의적이지만, 그로써 서로 다른 사람들의 사유를 담는 그릇이 된다.

그리고 한 철학 용어를 번역하여 사용할 때는 그 용어가 다른 용어들과 어울려 사용되는 전체 관계를 살피고, 그 용어가 속해 있는 어족들과의 동질성이 드러나게 해주어야 한다. 또 원서 대 번역서, 외국어 사전 어휘 대 한국어 사전 번역어 어휘의 대응 관계를 일관성 있게 유지해서 외국어로 서술된 철학 사상을 한국어로 번역하고 이해하는 데 따르기 마련인 혼동을 최소화해야 한다. 독일어 사전이나 독일어 철학사전, 독일어 칸트사전을 펼치면, '트란첸덴탈(transzendental)'이나 '트란첸덴탈-필로소피(Transzendental-Philosophie)'라는 표제어 아래서 다양한(서로 다른) 뜻풀이가 있는데, 그에 대응해서 한국어로 쓰인 독일철학

사전이나, 칸트사전의 표제어를 하나로 정해 한 표제어 아래 그에 맞게 한국어 뜻풀이를 여러 가지로 제시하는 것이, 표제어를 달리함으로써 일어날 수 있는 상호 연관성의 상실이나 혼선을 방지하는 길이다. — 개념어를 이해하는 데는 그것이 어떤 뿌리에서 돋아나 언제 무슨 계기로 새로운 줄기, 새로운 가지로 뻗어갔는지를 아는 것이 적지 않게 중요하다.

[질의응답 2]

질문 강의 중에 '실재론적 진리 개념의 문제점'을 지적했는데, 이와 관련하여 칸트의 진리 개념을 좀 더 설명해 달라.

답변 실재론적 진리 개념은 아리스토텔레스, 토마스 아퀴나스, 존 로크를 면면히 이어오는 진리론에서 등장하는데, 마침 칸트 초월철학에서 '초월'의 의미를 방금 설명했으니, 그것에 덧붙여 이야기해보겠다.

표상과 이 표상이 바로 그 실재적 사물의 표상인 그 실재적 사물과의 일치라는, 이른바 진리 내지는 참된 인식에 대한 이론은, 표상설 자신의 주장에 따라서(Locke, *Essay concerning Human Understanding*, Vol. 2, p. 248 참조), 진리의 이념을 천명한 것 이상의 의미는 없다. 어떤 대상에 대한 인식은 어느 경우에나 그 대상의 표상(representatives: ideas)을 통해서만 가능하다. 그렇다면 표상과 그 표상에 의해서 인식된 대상인 이른바 실재적 사물 사이의 일치 여부는 무엇에 의해서 가려질 수 있겠는가?(Locke, *Essay*, IV, IV, 3 참조) '실재적 사물'이 무엇인가를 우리에게 알려주는 것은 오로지 그것의 표상뿐이니, 우리는 이 표상이 우리에게 알려준 내용 그 이상의 어떤 것도 알 수 있을 방도가 없으니 말이다. 우리에게 알려지는 유일한 것은 어떤 것의 표상뿐이며, 그 어떤 것은 우리에게 알려지지 않는 것("something, he know not what": Locke, *Essay*, II, XXIII, 2; "unknown somewhat": Berkeley, *Treatise concerning the Principles of Human Knowledge*, I, sect. 80; "unknown something": Hume, *Treatise of Human Nature*, I, I, 13 참조)에 불과하니, 어떤 것의 표상과 그 어떤 것 사이의 일치 여부는 알 길이 없다. 이미 버클리의 로크 비판에서 지적된, 우리가 무엇인지도 모르고("we know not what"), 그것이 존재하는 것("that it exists")인지조차도 모르는(Berkeley, *Treatise*, I, sect. 88 참조), 로크의 '실재적 사물'이라는 개념의 문제성은 칸트의 사물 자체 개념의 문제성의 한 선례이다.

주지하듯이 아리스토텔레스에 따르면, 있는 것을 있다고 말하고 없는 것을 없다고 말하며(Aristoteles, *Liber de interpretatione*, 1, 16a 참조), 분리되어 있는 것에 관해 분리되어 있다고 판단하고, 복합적인 것에 관하여 복합적이라고 언표

하면(Aristoteles, *Metaphysica*, 1051b 3 이하 참조), 그 말과 판단과 언표는 참이다. 사람들은 보통 이런 아리스토텔레스의 언사를 진리일치설의 효시로 본다. 그러나 이 일치설을 단지 명제들 간의 형식적 진리가(眞理價) 문제를 벗어나, 흔히 사람들이 그렇게 생각하려 하듯이, 어떤 경험적 인식의 참임을 설명하려는 것으로 해석할 경우, 그것은 앞서 지적되었던 로크의 논설이 안고 있는 문제점을 그대로 짊어져야만 한다. "눈이 희다면, 그리고 오직 그때만 '눈이 희다'는 명제는 참이다."라는 결국 아리스토텔레스를 상기시키는, 이 일치설의 새로운 표현 방식 또한 그것을 대상에 관한 어떤 참된 인식에 관련시킨다면, '일치설'이 안고 있는 문제점을 조금도 해소시켜주지 못한다. 대상에 관한 경험적 인식에서 문제는, '눈이 희다'는 사실의 바탕(전제) 위에서 '눈이 희다'고 진술하는 것이 참이냐 아니냐 하는 논리의 문제가 아니라, 이 진술의 '사실의 바탕' 혹은 '전제'가 과연 진실이냐 아니냐, 진실이라면 어떤 근거에서 그렇게 말할 수 있느냐 하는 사실의 문제이다. 문제의 핵심은 올바르게 진술하느냐가 아니라, 이른바 경험적 대상에 대해 '그러그러하다'고 파악한 것이 참이라고 한다면, 그때 그 인식의 참임의 근거가 무엇이냐 하는 것이며, '일치설'도 그리고 소위 '의미론적 진리론'도 이에는 어떤 결정적인 답변도 해주지 못한다. — "눈이 흴 때, '눈이 희다'는 언표는 참이다. 이 추론은 확실히 옳다. 그러나 과연 실제로 눈이 흰가 하는 물음에 대해서는 여기서 대답되고 있지 않다."(R. Carnap, "Truth and Confirmation", in: *Readings in Philosophical Analysis*, ed. by H. Feigl / W. Sellars, N. Y. 1949, p. 120)

칸트의 진리 규정 "인식과 대상의 합치(Übereinstimmung der Erkenntnis mit ihrem Gegenstand)"(KrV, A58=B82·A237=B296)가 스콜라 철학자들의 표현 "사물과 지성의 합치(adaequatio rei et intellectus)"(Thomas Aquinas, *Quaestiones disp. — De veritate*, qu.1, art. 1 참조)에서 그 연원을 갖는다고 볼 때, 단지 어구만 분석한다면 이 규정을 일단 "한 존재하는 것의 또 다른 것에의 일치(convenientia unius entis ad aliud)"로 해석하고, 다시 이를 첫째로 "존재자의 지성에의 일치(convenientia entis ad intellectum)", 둘째로 "인식자[지성]의 인식 대상[사물]으로의 동일화(assimilatio cognoscentis ad rem cognitam)"의 두 경우로 나누어서 생각해볼 수 있다.(Thomas Aquinas, *De veritate*, qu. I, art. 1 참조) 그러나 스콜라철학에서 말하는 '존재자의 지성에의 일치'란 "창조될 사물의 신(神)의 지성에의 합치(adaequatio rei creandae ad intellectum divinum)"를, '인식자의 인식 대상으로의 동일화'란 "인간 지성의 창조된 사물로의 합치(adaequatio intellectus humani ad rem creatam)"를 뜻한다고 보아야 하므로, 로크의 진리론에서는 둘째 경우만이 논의거리가 되겠다. 그러나 칸트는 경험적 진리 외에 이 경험적 진리를 진리이도록 정초하는 '초월적 진리'론을 펴기 때문에, 비록 제한된 의미에서(즉 단지 '형식적 측면'에서)이긴 하지만, 첫째 경우처럼 진리 개념을 풀이하는 것이 타당하겠다.

칸트 초월철학은 현상존재론으로서 그 요지는 이러한 그의 '진리' 개념에서 잘 드러난다. 칸트는 참된 인식은 "존재자의 지성에의 일치"로 인하여 성립함을 해명한다. 바로 이 해명 중에 주객전도, 곧 인식자-인식대상 관계의 '코페르니쿠스적 전환'이 이루어지고 있다. "창조될 사물의 신의 지성에의 합치"라는 뜻에서 "인식되는 사물의 형식이 인식하는 자 안에 있다."(Thomas Aquinas, *Summa Theologiae*, Pars I, qu. 16, art. 2, 2.)라는 옛 초월철학을 전복하여, 칸트는 사물을 인식하는 인간이 적어도 "부분적으로는 그 사물의 창조자"(Refl 254: AA XV 참조)라고 보아 "사물과 지성의 합치"를 "[인간] 지성과 [인간 지성에 의해 인식되는] 사물의 합치[동일형식성](conformitas)"로 해석한다.

이로써 칸트는 인식을 가능하게 하는 형식 원리가 그 인식에서 인식되는 존재자, 다시 말해 인간에게 의미 있는 유일한 존재자를 존재자로서 가능하게 하는 존재 원리임을 분명히 한다. 그래서 칸트에게 인식론은 존재론이고 존재론은 인식론이다. 존재론이란 존재자 일반이 존재자임을 밝히는 학문, 존재자로서 존재자의 가능성의 원리를 추궁하는 학문이니 말이다. 칸트에서 의미 있는 존재자란 현상뿐인 한에서, 이런 칸트의 존재론은 '현상존재론'이다. 이 칸트의 현상존재론에서 존재자로서의 존재자의 '참임(Wahrsein)', 곧 참된 의미에서의 존재(Sein)는 그 존재자에 대한 인식의 '참임', 곧 진리(Wahrheit)이다.

2강

『실천이성비판』
나는 무엇을 행해야만 하는가?

쾨니히스베르크(칼리닌그라드) 성곽 모서리에 있는 칸트 기념 동판. "그에 대해서 자주 그리고 계속해서 숙고하면 할수록, 점점 더 큰 경탄과 외경으로 마음을 채우는 두 가지가 있다. 그것은 내 위의 별이 빛나는 하늘과 내 안의 도덕법칙이다."라는 『실천이성비판』 맺음말의 첫 구절이 새겨져 있다.

선이란 무엇인가?

칸트가 『순수이성비판』을 출간한 해는 1781년이다. 『순수이성비판』은 철학사에 획을 그은 철학서로는 독일어로 쓰인 최초의 책이라고 해도 과언이 아니다. 그전까지의 학술서, 즉 정통 철학책은 대개 라틴어로 쓰였다. 칸트 이전에 나온 볼프(Ch. Wolff, 1679~1754)의 『제1철학 즉 존재론(Philosophia prima sive Ontologia)』(1729)이나 칸트가 강의교재로 활용했던 바움가르텐의 『형이상학(Metaphysica)』(1739)은 모두 라틴어로 된 저작이다. 칸트 본인의 교수취임논문도 관례에 따라 역시 라틴어로 작성했다. 『순수이성비판』을 동료 학자 독자들이 읽기 어려워했던 것도 아마 독일어 저작이었기 때문일 것이다. 새롭게 등장하는 다수의 독일어 철학 어휘들이 학자 독자들에게는 오히려 낯설었을 것이다. 여기에 더해 『순수이성비판』에서 칸트가 처음으로 피력한 초월철학의 이념은, '초월적'이라는 첫 용어부터가 종전의 의미와는 정반대 사태를 지칭하고 있어서 사고방식의 코페르니쿠스적 전환을 거쳐야 비로소 무슨 뜻인지 이해할 수 있는 그런 것이었다. 따라서 이런 점들을 감안해보면 독자들이 『순수이성비판』을 이해하기란 예나 지금이나 결코 쉬운 일이 아니다.

독일 사람들도 칸트를 제대로 읽지도 못하고 이해하지도 못하는데 그것을 한국어 독자가 읽어내는 일이 어디 쉽겠는가. 흥미로운 사실 하나를 밝히자면, 이미 상당히 오래전부터 독일 대학생들도 칸트를 독일어로 읽지 않고 영어 번역본으로 읽는 추세다. 몇 해 전에 독일을 방문했을 때, 나의 오랜 친구인 독일인 대학교수가 자기 학생들의 이러한 행태를 어떻게 생각하는지 나에게 물어서 짚이는 대로 몇 가지 사례를 들어 대답해준 바 있다. 그 가운데 내가 꼽은 첫째 이유는, 칸트 독일어가 200년도 더 된 초기 독일어라서, 지금 대학생들의 독일어 어감과는 너무 동떨어져, 칸트 독일어에 대한 친숙도가 현대 영어 — 영어 번역본은 최신 것이고, 영어는 독일어의 사촌 언어라 김나지움을 졸업한 독일 학생들에게는 거의 외국어가 아니다 — 에 대한 친숙도보다도 훨씬 낮다는 점이다. 게다가 철학자의 독일어는 독특해서 조금만 떨어져 있는 사람들은, 아니 저자 외에는, 아니 저자조차도, 그 어감을 제대로 잡아내기가 쉽지 않다. 이 점에서는 칸트 저작만이 난해한 것이 아니다. 예컨대 하이데거의 『존재와 시간』도 난해하기로 정평이 나 있다. 하이데거의 제자 중 으뜸 제자라 할 수 있는 가다머(H.-G. Gadamer, 1900~2002)는 자기 은사의 『존재와 시간』에 대해서, "이 책은 독일어로 번역되어야 한다."라고 말했다 한다. 독일어로 썼는데 독일어로 번역이 되어야 한다고 말한 것은, 일상적인 독일어로는 읽을 수 없다는 뜻이겠다. 『순수이성비판』도 마찬가지이다.

독일 현지에서도 칸트 독서 현황이 이러한데, 지금의 한국인에게 칸트는 독일어로 읽어야 제맛이 난다면서 '독일어로 칸트 읽기'를 촉구하기가 민망하다.

칸트는 『순수이성비판』을 출간한 후, 이 책이야말로 철학사상 혁명적 저작인 만큼 사계의 칭송이 이어질 것을 기대하며, 사람들의 반응을 살폈다. 그러나 기대와는 달리 해를 넘겨 겨우 악평에 가까운 서평이 하나 나왔을 따름이다. 이에 실망하고 분개 ― 대응한 어투로 볼 때 분개한 것이 틀림없다 ― 하여 쓴 책이 (앞에서도 말한) 1783년에 나온 『형이상학 서설[프롤레고메나]』이다. 그리고 칸트는 2년 후인 1785년에 『윤리형이상학 정초』[GMS]라는 그의 도덕철학 3부작 중 첫 번째 저술을 내놓는다. 그런데 칸트는 이 책 머리말에서 '실천이성비판'이라는 책은 필요 없다고 말하고 있다.

『실천이성비판』의 출간 배경

'정초(定礎)'가 무엇을 의미하는가? 바로 기초(토대)를 놓는다
는 의미이다. 그러니 윤리 형이상학을 정초하고 난 다음의 일은
'윤리 형이상학'의 집짓기이다. 토대를 닦고 나면 이어서 건물
을 세우는 것처럼, 윤리 형이상학을 세우기 위한 토대를 닦았으
니 그다음에는 윤리 형이상학을 내놓아야 이치에 맞지 않겠는
가? 그래서 칸트 또한 바로 이어 윤리 형이상학을 낼 생각을 했
다. 그런데 칸트는 3년 후에 『실천이성비판』이라는 책을 낸다.
일의 전개가 왜 이렇게 되었을까?

여러 사람이 그렇게 추정하거니와 내 생각에도 칸트가 『순수
이성비판』이라는 제목으로 책을 내려고 했을 때, 그는 이미 지

『윤리형이상학 정초』 원서 표지

금 우리가 가지고 있는 『순수이성비판』과 『실천이성비판』 둘을 한 권으로 묶은 책을 염두에 둔 것 같다. 만약 지금의 『순수이성비판』과 『실천이성비판』이 처음부터 분리되어 구상되었다면 제1비판서에 『순수이성비판』이라는 책 제목을 붙이지 않았어야 옳다. '순수이성 비판'은 '순수 이론이성 비판'과 '순수 실천이성 비판', 이 두 가지를 함의하고 있기 때문이다. 그런데도 『순수이성비판』이라는 제목의 책이 '순수 이론이성 비판'의 내용만을 지닌 채로 1781년에 나왔다. 그래서 칸트가 1787년에 개정판을 낼 때는 책의 제목에 맞게 내용을 보충하고자 '순수 실천이성 비판'을 함께 쓴 것으로 보인다. 여러 지인들에게 그런 그의 구상을 밝힌 바도 있다. 그런데 그런 그의 구상과 계획은 실현되지 못했다. 아마도 원고는 다 썼지만, 써 놓고 보니 내용상 그리고 체계상 두 비판을 함께 묶는 것이 적절하지 않다고 판단한 것 같다. 그렇게 해서 결국은 종전의 『순수이성비판』을 부분적으로 수정하여 1787년에 개정판을 출간한다. 그리고 1년 후에 함께 썼던 원고를 재정리하여 별도의 책으로 『실천이성비판』을 냈다. 이렇게 해서 제2비판서가 나온 것이다. 그러면 칸트는 왜 두 책을 한 권으로 묶지 못했을까? 묶었다면 '순수이성 비판'의 말뜻에도 맞고, 이성의 이론적 사용과 실천적 사용을 한 체계 내에서 보임으로써 이성의 이성성을 한결 더 명료하게 보일 수 있지 않았을까? 그렇게 하지 못한 것은, 아마도 그때의 칸트가 아직 이성의 두 사용을 통합할 수 있는 원리를 찾지 못한 것이 주원인일 것이다.

　『윤리형이상학 정초』와 『실천이성비판』에서 칸트가 다룬 내용이 이른바 윤리학, 도덕철학인데, 이 도덕철학의 주제적인 물음은 "나는 무엇을 행해야만 하는가?"이다. 이때의 '나'는 인간의 대표 단수이다. 앞에서도 살펴보았듯이, 칸트 시대에 오면, 이미 데카르트가 그 바탕을 마련한바, 인간임을 '나'로 표현한다. 인간이 무엇인가 하면, 자기를 '나'라고 부르는 존재자, 이렇게 정의를 내려도 충분하다. 인간은 항상 자기를 '나'라고 부른다. 그러니까 "나는 무엇을 알 수 있는가?" "나는 무엇을 행해야만 하는가?"라고 할 때 여기서 '나'는 '인간으로서 나'라는 뜻이다. 인간으로서 나는 무엇을 알 수 있는가? 인간으로서 나는 무엇을 행해야만 하는가? 이 물음이 현안인 것이다.

　그렇다면, "나는 무엇을 행해야만 하는가?"라는 주제에서, 이제 "무엇을 행해야만 하는가?"의 함축을 살펴보자. 이 "무엇을 행해야만 하는가?"라는 질문에는 이미 정답이 담겨 있다고 볼 수 있다. 무엇을 행해야 할까? 바로 '선'을 행해야 한다. 그러면 무엇을 행하면 안 되는가? '악'을 행하지 말아야 한다. 이미 물음 안에 이렇게 답이 담겨 있다. 다시 말해 "나는 무엇을 행해야만 하는가?"라고 질문할 때, 당연히 선을 행해야 하고 악을 행하지 말아야 한다는 답변이 이미 거기에 포함되어 있는 것이다. 이때 '해야만 한다', '행해서는 안 된다'는 것은 행해야만 하고,

하지 말아야 한다는 당위를 말하고 있다. 그러니까 그것은 내가 마땅히 행해야 할 것을 실제로는 하고 있지 않음을 함의하고 있다. 행해야만 한다는 것은 지금 행하고 있지 않으니까 행하라고 촉구하는 것이니 말이다. 이미 행하고 있는 사람한테 행해야만 한다고 말하지는 않는다. 예를 들어 열심히 청소하고 있는 사람한테 열심히 청소하라고 그러면 아마 그 사람은 빗자루를 내팽개칠 것이다. 잘하고 있는 사람에게 잘하라고 하는 것은 이치에 맞지 않는다. 그러니까 행해야만 한다는 것은 아직 있지 않은 상태를 있도록 만들라는 것이다. 이러한 활동을 실천(praxis)이라고 한다. '실천'이라는 것은 있지 않은 것을 있게끔 만드는 활동을 의미한다. 또는 있는 것을 없게끔 만드는 것도 실천이다. '실천'의 뜻이 바로 이러하다.

이론과 실천, 존재와 당위

━━

우리는 이론(theoria)과 실천(praxis)을 흔히 짝지어 말한다. 그 의미를 그리스어의 뜻에 따라 새겨 쓴다. 여기서 '이론'이란 있는 것을 있다고 보고, 없는 것을 없다고 봄을 뜻한다. 그래서 이론상, 있는 것을 없다고 말하거나 없는 것을 있다고 말하면 잘못 말하는 것이 된다. 이렇게 말하면 거짓을 말하는 것이다. 그러면 무엇이 진리인가? 있는 것을 있다고 말하고 없는 것을 없다고 말하면 그것을 진리라 한다. '이론적'이라는 것이 바로 이런 것이다. 있는 것을 있다고 하고 없는 것을 없다고 말하는 것이 이론적으로는 옳은 일이다. 이론은 현상을 관조할 뿐 현상에 어떠한 변화도 일으키지 않는다. 이론은 관조만 하는데 실천은 그렇지 않다. 실천은 없는 것을 있게 만들거나 있는 것을 없게 만드는 것이니까, 실천이 일어나면 반드시 현상이 바뀐다. 현실이 바뀌는 것이다. 이렇게 현실을 바꾸는 것이 바로 실천이다. 그러니까 이성 중에서 이론이성은 관조만 하는 이성이고, 실천이성은 현실을 바꾸는 이성이다. 그런데 무엇인가를 바꾸는 데는, 바꾸려는 의지가 원동력이다. 그래서 실천이성은 의지를 수반한다. 의지 없는 실천이성은 무의미하므로, 실천이성이 곧 의지이고, 의지가 곧 실천이성이라고 말할 수도 있다.

없는 것을 있게 만들고 있는 것을 없게 만드는 것을 실천이라고 했는데, 그중에는 마땅히 그렇게 하도록 해야 하는 것이 있다. 이것을 당위(當爲, Sollen)라고 일컫는다. 말하자면 응당해야 하는 것은 선이고 하지 말아야 하는 것은 악이다. 따라서 도덕적인 실천은, 마땅히 행해야 하는 실천이므로 당위이다. 물론 당위가 아닌 실천도 있다. 예를 들면 노동 실천이 그런 것이다. 노동을 하면 없는 것이 생겨나고 있는 것이 없어진다. 그런데 노동은 당위가 아니다. 노동은 자연법칙에 따라서 행해지는 실천 활동이다. 콩을 심어야 콩이 나온다. 그런데 콩을 하나 심었는데 열

개가 생겼다면 거기에 노동이 가해진 것 아니겠는가? 다시 말해
있는 것을 바꾼 것이 아니겠는가? 이것은 기계적인 법칙에 따른
것이니, 노동은 실천이기는 하나, 그렇다고 당위는 아니다. 이와
달리 실천 중에는 당위적인 실천이 있다. 그것이 윤리적 행위이
다. 우리가 흔히 윤리, 도덕이라 말하는 바로 그것이다. '마땅히
해야 함'을 독일어로 '졸렌(Sollen)'이라 한다. 이론은 존재(Sein)
에, 실천은 당위에 대응한다.

나는 무엇을 행해야만 하는가?

우리의 현안은 "나는 무엇을 행해야만 하는가?"인데, 이에 대
해서는 이미 주어진 답이 있었다. 선을 행해야 하는 것이다. 그
런데 이 답은 다음 질문을 유발한다. 그렇다면 "선은 무엇이
냐?"는 질문이 그것이다. 당초의 물음은 "나는 무엇을 행해야
만 하는가?"였는데, 이제 우리는 "선이란 무엇이냐?"라는 물음
에 부딪쳤다. 결국 당위 문제의 관건은 "선이란 무엇이냐?"라는
물음이다. 이것을 다르게 표현하면, (도덕적 실천은 당위라고 했으
니) "당위의 척도가 무엇이냐?" "도대체 선의 가치는 어디서 오
느냐?"라고 할 수 있다. 즉 선의 원천 문제가 생겨나게 되는 것
이다. 나아가 과연 인간이 선을 행할 힘이 있는지도 따져봐야
한다. "이것이 선이다."라고 할 때 인간이 과연 그 '선'을 행할

능력이 있느냐가 또한 문제인 것이다. 더 나아가서는 "선을 인간이 어떻게 행할 수 있느냐?"도 따져봐야 한다. 선이라는 것이 있다고 치자. 그러면 인간은 선행할 능력이 있느냐를 살펴봐야 한다.

요컨대 도덕의 문제는, 첫째로 선이라고 하는 것이 어디서 유래하느냐, 누가 '선'이라고 일컫는 것이, 과연 선이며, 무슨 뜻에서 선이냐 하는 것이다. 이 선의 원천 문제가 그 선을 실천에 옮길 수 있는 능력의 문제로 다시금 연결된다. 그런데 선을 실천할 인간의 능력을 자유라고 하므로, 도덕 문제의 중심에는 자유 개념이 들어선다.

그 근본 물음의 차이로 말미암아 『순수이성비판』과 『실천이성비판』이 나뉘게 된 것이다.

앞에서 『순수이성비판』의 근본 물음이 "나는 무엇을 알 수 있는가?"라고 했다. 나는 무엇을 알 수 있는가? 즉 인간은 무엇을 알 수 있느냐? 결국 감각에 주어지는 것만 알 수 있다. 현상세계에 대해서만 알 수 있는 것이다. 따라서 현상세계에 대한 지식인 자연과학적 지식만 지식이다. 결국 "인간은 무엇을 알 수 있느냐?"라는 질문의 답은 자연과학적 지식만 '알 수 있는 것'으로 귀결된다. 그 외에는 아는 것이 아니다. 자연과학적 지식이란 감각세계, 인간의 감각에 주어지는 것, 다시 말하면 공간과 시간상에 나타나는 것이다. 그러니 인간은 공간과 시간상에 나타나는 것에 대해서만 알 수 있다.

그렇다면 칸트는 왜 이 질문을 했겠는가? 이 물음에 답함으로써 지식의 대상에서 영혼이라든지 신이라는 것들을 제외시키려 한 것이다. 당시에는 영혼이나 신이 있는 것으로 받아들여졌는데, 이에 이의를 제기한 것이다. 영혼이나 신은 공간과 시간 상에 자기 모습을 드러내는 것이 아니다. 그러니 그것에 대해서 안다는 말을 쓰지 말라고 하는 것이 칸트의 주장이다. 나는 신을 안다, 나는 영혼이 있다는 것을 안다, 그는 아름다운 영혼을 가지고 있다, 나는 이러한 것들을 안다는 식의 말들을 하지 말라는 것이다. 이런 말들은 의미 없는 말이라는 것이 칸트가 말하고자 하는 바의 요지이다. 반면에 "내가 보니까 이 책의 색깔이 초록색이다."라고 하는 것은 어떤가? 이것은 안다고 할 수 있다. 왜냐하면 눈에 보이기 때문이다. 이처럼 공간과 시간에 자기 모습을 드러내는 것에 대해서만 우리는 안다고 말할 수 있다. 그러니까 이때 『순수이성비판』을 통해서, 그 비판이라는 한계 규정을 통해서 제거되는 것은 영혼론이니 신학이니 하는 것들이다. 통상 사람들은 지식이라는 이름으로 경험 너머에 있는 무엇인가를 이성적 앎의 대상에 포함시키려고 한다. 그러한 이성의 월권적 실태에 제동을 걸고자 한 것이 『순수이성비판』의 의도였다.

사람들은 끊임없이 공간과 시간을 벗어나는 어떤 것에 대해서도 있다고 생각을 하고, 이에 대한 지식의 체계를 꾸며내려고 한다. 신학이나 영혼론이 그런 유의 것이다. 그러나 이런 것들은 지식체계 곧 학문이 아니라는 것을 밝히려고 한 것이 『순수이성비판』의 의도이다. 그것이 당시의 계몽주의였다. 당시 사회 질서의 근간이 교회였고, 그 교회 지붕을 떠받치고 있는 두 기둥이 영혼과 신인데, 칸트는 이 두 기둥을 허공에 띄우려 한 것이다. 칸트의 이러한 기도는 기존의 정신계의 질서에, 그리고 사회 질서에 대한 비판을 넘어 타도였던 것이다.

그러나 『실천이성비판』에서 펼친 그의 도덕철학의 귀결은 오히려 새로운 풍조를 힐난하면서 전통적 교설을 옹호하는 편이다. 이미 감각주의 물질문명의 혜택을 입은 사람들이 이성을 끊임없이 경험 안에 가두어두려고 하는 풍조 말이다.

사람은 배가 고프면 무엇인가를 먹어야 한다. 어떻게 안 먹고 살 수 있겠는가? 그래서 배고파서 먹으려고 무엇인가 남의 것을 훔치면, 그 행위에 대해 열흘 굶고 안 훔칠 사람이 있겠느냐는 식의 옹호론까지 나온다. 이런 식으로 인간 행동의 원인이나 이유를 끊임없이 경험적인 세계에서 찾아내려 한다. 칸트 당대에 확산되기 시작한 공리주의도 이런 입장이고 경험론도 한통속이었다. 그런데 『실천이성비판』은 인간의 행위의 근거를 자연적인 요인, 감각적인 요인에 국한하는 데 반대하고 나선다. 다시 말하면 『순수이성비판』과 『실천이성비판』은 똑같이 당시의 상식적인 상황에 대해 반대하고 있다. 그러니까 당시의 통념에서 지식 측면에서는 감각을 넘어서는 어떤 세계에 대해서 사람들이 자꾸 발언을 하는데 칸트는 그렇게 하지 말라는 것이고, 반대로 행위 면에서는 사람들이 끊임없이 감각적인 요인에 의해서 자기 행동을 정당화하는데 그것 또한 그렇게 해서는 안 된다고 보는 것이다. 칸트는 인간이 알 수 있고, 행해야 하는 것은 그렇지 않음을 밝혀내려고 했다.

그러니까 『순수이성비판』과 『실천이성비판』은 똑같이 이성비판, 곧 이성의 한계를 규정했지만, 『순수이성비판』은 이성을 경험세계 내에서만 활동하도록 제한하려 한 것이고, 『실천이성비판』은 이성을 경험세계 밖에 풀어놓으려고 하는 것이다. 그러므로 두 비판은 서로 다른 방향을 지향하고 있다고 볼 수 있다. 그래서 이 두 가지 비판의 결실을 한 권으로 묶으면 혼선이 생길 수 있는 데다, 이성의 상충 문제가 불거질 것이므로 두 비판을 분리시킨 것이 아닐까 추정하는 것이다.

내가 보기에 칸트가 이 두 비판을 분리한 것은 잘한 것 같다. 『순수이성비판』은 그것만으로도 900페이지가 넘는 두꺼운 책인데 이것에다 『실천이성비판』까지 붙였다면, 어차피 우리가 나눠서 들고 다녀야 할 것이니 말이다. 철학체계상으로뿐만 아니라, 물리적으로도 나눠놓기를 잘한 것 같다.

칸트철학의 정수(精髓), 『실천이성비판』

형이상학 비판으로서의 칸트 형이상학

——

『순수이성비판』의 기조를 끌고가면, 존재 문제에 있어서는 감각세계를 벗어나는 지식체계가 성립하지 않는다고 했으니까 결국 존재 형이상학은 없다는 말이 된다. 존재에 대한 형이상학은 학문으로서는 성립할 수 없는 것이다. 그런데 『실천이성비판』이 밝혀내는바 실천이성의 면에서는 이성의 활동이 이 감각세계를 벗어나서도 유효하다고 하니까, 당위 형이상학은 가능하다는 말이 된다. 곧 도덕의 형이상학, 윤리 형이상학이 가능하다는 것이다. 칸트에게 의미 있는 형이상학은 '윤리 형이상학'이었다. 그래서 칸트의 저서 중에 '윤리 형이상학'은 있지만, '존재 형이상학'이라는 제목의 책은 없다. (물론 '형이상학'을 좁혀서 보면 '존재론'인데, '순수이성 비판'의 결실이 초월철학이고, 그것은 다른 관점에서 보면 '존재론'이니까, 칸트에게도 존재 형이상학이 있다고 말할 수도 있다. 더욱이 칸트 자신이 초월철학을 존재론이라고 말한 적도 있다. 존재론이란 존재의 원리를 밝히는 학문이고, 그 기초 개념이 '이다/있다'인데, 칸트 초월철학의 중추 개념이 '이다/있다'이니, 이렇게 말하는 것이 합당하기도 하다. 그러나 전통적인 의미에서 형이상학이라는 것은 형태 있는 것 곧 감각적인 것 너머의 것에 대한 지식체계, 예컨대 영혼이나 신에 대한 학문을 일컫는데, 이런 유의 형이상학을 '존재 형이상학'이라고 한다면, 그러한 존재 형이상학이 없다는 말이다.)

그런데 '윤리 형이상학'이라는 것을 따져 살펴보면, 윤리란 당위체계이고, 윤리란 있는 것이 아니라 있어야 할 것의 이치이며, 있어야 할 것의 이치란 이념이니, 윤리 형이상학은 이념학이다. 그러니까 '윤리 형이상학'이 유일하게 가능한 형이상학이라면, 칸트에서는 이념학으로서의 형이상학만 가능하다고 말할수 있겠다. (칸트가 비판한 것은 지식체계로서의 형이상학이다.)

당위란 이념에서 오는 것이지 존재에서 유래하는 것이 아니다. 제아무리 만인이 반복해서 행위를 한다고 해도, 어떤 행위 사실로부터 "사람은 모름지기 그렇게 행위해야 한다."라는 당위 명제가 도출될 수 있는 것은 아니다. 많은 사람들이 자연주의

『실천이성비판』원서 표지

윤리학을 이야기하는데, 위험한 것이 무엇인가 하면, 도덕을 존재에서 도출하거나 존재로 환원시키려 한다는 점이다. 요컨대 도덕을 규범적 측면이 아니라 기술적(descriptive) 측면에서 다루는 점이다. "거짓말하지 말라!"처럼 도덕은 명령 형식을 갖는다. 이론적 기술은 '~하다', '~이다'와 같은 서술 형식에 담기지만, 윤리 도덕의 명제는 전부 '~하라', '~하지 마라'와 같은 명령형이다. 이처럼 명령조로 나오는 것이 뭔가 수상하지 않은가? 왜 명령을 하는 것일까? 명령조로 나온다는 것 자체가 이미 현실은 그렇지 않다는 것을 의미한다. 아무도 거짓말을 하지 않는데 거짓말하지 말라고 하겠는가? 사람들이 기회만 있으면 거짓말을 하니까 거짓말하지 말라고 하는 것이다. '~하라', '~하지 마라'의 내용을 찬찬히 살펴보면, 사람들이 기꺼이 하고 싶은 것은 하지 말라고 하고, 하기 싫은 것은 하라고 한다. 예를 들어서 "자식을 사랑하라."는 명령은 없다. 반면에 "부모에게 효도하라."는 명령은 있다. 왜 그럴까? 모든 사람이 다 자식을 사랑하는데 굳이 명령할 이유가 없다. 모든 사람이 부모를 존경한다면 효도하라는 말이 나올 까닭이 없다. 하지 않거나 마지못해 하니까 '하라'고 명령하는 것 아니겠는가?

당위라고 하는 것을 다음과 같이 설명할 수 있다. '갑'이 무엇을 한다, '을'이 무엇을 한다, '병'도 무엇을 한다, …. 그러니까 사람은 누구나 무엇을 해야 한다, 이러한 결론은 성립하지 않는다. 앞에 있는 사람들이 모두가 그렇게 한다고 해서, 사람은 누구나 마땅히 그렇게 해야 하는 것은 아니다. 예를 들어, 갑이 거짓말한다, 을도 거짓말한다, 병도 거짓말한다, 내가 아는 모든 사람이 거짓말한다, 그러므로 사람은 누구나 거짓말해야 한다. 이런 식의 추론은 성립하지 않는다는 말이다. 그러니까 제아무리 동일한 사실이 수만 번 누적이 되어도, 그것으로부터 당위가 나오지는 않는다. 당위(Sollen)는 결코 존재(Sein)에서 나오지 않는다. 아무리 온 세상 사람들이 다 그렇게 한다고 해도, 그것으로부터 사람은 누구나 그렇게 해도 된다거나 마땅히 그렇게 해야 한다는 결론이 도출되는 것이 아니다. 당위는 사실에 근거를 두고 있는 것이 아니라, 이념 또는 이상에 근거를 두고 있기 때문이다. 당위는 자연세계가 아니라 이상세계의 명제이고, 그러므로 자연법칙에 따르는 것이 아니라, 도덕법칙에 따르는 것이다. 자연세계 너머에 있는, 도덕법칙의 세계에 대한 학문이 '윤리 형이상학'이다. 이 윤리 형이상학은 '실천이성 비판'을 통해 성취된다.

도덕의 기초로서의 인간의 자율성

당위는 인간의 이념에서 유래하고, 그것은 인간이 그대로 행할 능력이 있음을 함의하는데, 과연 인간은 그러한 실천 능력이 있으며, 그러한 능력은 무엇에 기반을 두고 있는가? 인간은 어떻게 해서 당위를 실천할 수 있는가? 그것은 인간에게 자율적 능력이 있어서 그렇다. 칸트의 관점에서는 자율(Autonomie)이 윤리 도덕의 근거점이다.

윤리 도덕의 근거에 관해서는 크게 보면 세 가지 이론이 있다. 하나가 윤리 도덕은 인간의 자연본성에 근거하고 있다는 자연주의 이론이다.

사단칠정론(四端七情論) 같은 것이 대표적인 자연주의 이론이다. 사람에게는 누구나 측은지심(惻隱之心)이 있다. 그래서 철없는 아이가 우물가를 위험하게 기어다니면 가서 붙잡게 된다. 이러한 마음씨가 인간 도덕의 기초이다. 맹자가 이렇게 주장했다. 이러한 도덕론이 자연주의이다. 그런데 이런 상황을 가정해보자. 아이가 우물가를 위험하게 기어다니면 대부분의 사람이 아이를 붙든다. 내가 100명을 관찰해봤더니 다 그러했다. 이것은 얼마든지 사실로 증명할 수 있다. 그런데 만약에 어느 한 사람이 아이를 붙들지 않았다면 그 사람을 나쁜 사람이라고 할 것인가? 왜 그 사람이 나쁜 사람인가? 아이를 구하려고 붙들지 않았으니 나쁜 사람인가? 그런데 그 사람은 (엄밀하게 말하면) 다른 사람과 다르게 행동한 것뿐이다. 그것만으로 나쁜 사람이 되는 것인가? 사실적으로는, 기껏해야 "이 사람은 남들과 다르게 행동한다."는 말밖에 할 수 없다. "그 사람 참 별나다." 이런 말은 할 수 있지만 다른 사람처럼 안 했으니까 나쁘다는 말은 할 수 없다. 모두가 거짓말을 하는데 오직 한 사람만 참말을 했으면, 그것은 별난 것이다. 참말을 한 그 사람이 나쁜 사람인가? 아니다. 나쁜 사람 아니다. 그러니까 '나쁘다', '좋다'라는 가치는 그 원천이 사실에 있지 않다. 사실과 윤리적 가치는 별개의 영역에 속한다. 그래서 많은 사람들이 윤리를 자연주의적으로 해명하려 시도하지만, 그러한 시도는 원리상 성공할 수가 없다. 자연주의를 고수하기 위해 결국은 윤리를 희생시킬 것이다. 자연주의자들은 결국 당위의 세계, 곧 윤리의 세계는 무의미하다고 판결할 것이다.

다음으로는, 자연주의에 의한 윤리의 파국을 막으려는 신명령론(Divine Command Theory)이 있다.

왜 거짓말을 하면 안 되는가? 왜 거짓증언을 하면 안 되나? 내가 거짓증언을 하면 나라를 살리고, 거짓증언을 통해서 민족을 구할 수 있다. 한 가문을 살릴 수도 있다. 반대로 참말을 하면 가문이 몰살당할 수 있다. 내가 거짓증언을 하면 내가 살고, 경우에 따라서는 내 친구들 모두를 구할 수도 있다. 그런데도 거짓증언하지 말라고 한다. 왜 거짓증언하지 말라고 하는가? 바로 신이 그렇게 지시명령했기 때문이다. 신의 지시명령이 도덕의 근원이다. 도덕의 원천은 인간으로서는 알 수 없는 어떤 힘에 의해서 주어진다. 중요한 도덕적인 원리들이 그 알 수 없는 힘에 의해 인간에게 전달된 것이다. 그러니까 시나이 산에 가서 신의 말씀을 듣는 것이다. 모세가 그것을 듣고 만인에게 전해준다. 그렇게 해서 윤리 강령은 계명으로 등장한다. 그 말씀이 도덕의 출발점이다. 이것은 초자연주의이다. 도덕이라는 것은 어차피 자연에서 나올 수 없다. 자연을 넘어서는 어떤 힘으로부터 나온다. 초자연주의는 이런 관점을 대변한다.

앞에서 말한 자연주의나 초자연주의와는 다르게 윤리 근원을 해명하는 세 번째의 이론이 있으니, 그 이론의 대표자가 바로 칸트이다. 칸트에 의하면 도덕은 인간의 이성에서 발원한다. 도덕은 자연에서 나오는 것도 아니고 신의 말씀도 아니다. 도덕 원리는 인간의 이성 안에 있다. 이러한 관점을 이성주의라 한다.

인간이 지닌 이성의 힘이 바로 자율성이다. 인간에게는 자율적인 힘이 있다. '자율'이라는 말이 나왔으니, 이 개념의 내력을 좀 살펴보자. 자율은 칸트에 와서 인간의 하나의 본성, 본질로 규정되는데, 서양사상사에서 이 개념의 변천을 보면 중요한 두 전기가 있다.

당초에 '자율'의 귀속처, 주체는 국가였다. 무엇이 자율적인가 하면, 국가가 자율적인 것이다. '자율'이란 "스스로 법률을 만든다/법칙을 세운다"라는 뜻이니, 스스로 법률을 제정하고, 그 법률에 따라 작동하고, 그 힘으로 자기를 보위할 수 있는 것, 그것이 바로 국가이기 때문이다. 국가는 스스로 법률을 만들고 그 법률에 따라서 자기를 지켜나간다. 그러한 자립 자치의 능력이 있는 나라가 자율적인 국가이다. 바꿔 말하면, 스스로 법을 만들고 그 법을 지켜나갈 수 있는 힘이 있으면 국가가 생기는 것이다. 고대 그리스에서 플라톤 당대에는 국가(폴리스)가 200개가 넘었다고 한다. 각자 자기 법을 세우고 자기가 그 법을 지켜나갈 수 있는 단위가 국가이다. 헌법을 만들어도 그 헌법을 지키려면 힘이 필요하다. 이것이 바로 자율적인 능력이다. 애당초에는 자율이라는 것이 자기입법, 자기결정의 의미로 쓰였다. 자율적 주체라고 하는 것이 당연히 국가 단위로 이야기되었던 것이다. 다시 말하면 자신의 주인이 될 수 있는 능력, 우리가 보통 국가라는 것은 자주권, 자립성이 있어야 한다고 하는데 바로 자기가 스스로 권위를 세우고 그 권위에 따라서 자기를 운영할 수 있는 힘이라는 의미로 국가와 관련해서 자율이라는 말이 쓰였다.

이렇게 당초에는 자율이 정치적인 자유의 의미로 쓰였다. 그러다가 기독교 사회가 열리면서 자율의 의미에도 변화가 생겼다. 대부분의 종교가 그렇듯이, 기독교 종교이론에서도 숙제는, 사람은 마땅히 선하게 살아야 하는데 세상 천지에 왜 이렇게 악인들이 많은가 하는 것이다. 대체 악은 어디서 나왔을까? 더구나 기독교에서는 신이 사람을 창조했다고 하는데, (신이 처음부터) 악인으로 만들었다는 말인가? 전지전능한 신이 세상사 모든 것을 정해서 운영해가는 것이니, 내가 나쁜 짓을 한다면 신이 나를 악인으로 만들어서 그런 것이 아니겠느냐 하면서 자기의 악행마저 신의 섭리 탓으로 돌리는 자도 나타났다. 누가 착한 일을 해도 신의 뜻이고, 못된 짓을 해도 신의 뜻이다. 세상만물이 신의 피조물이니 말이다.

기독교 관점에서 신이 사람을 창조한 것도 사실이고, 또 신이 전지 전선 전능한 것도 사실인데 숱한 사람들이 악행을 저지르는 것도 사실이니, 이 사실들이 충돌 없이 공존하는 까닭을 설명하는 것이 과제가 아닐 수 없었다. 신은 모든 것을 할 수 있고, 신이 인간을 만들어냈는데, 세상은 악인들로 가득차 있으니, 이것을 어떻게 일관성 있게 설명할 것인가? 이것이 문제가 되지 않을 수 없다. 이 문제를 해결할 열쇠가 인간의 자유의지이다.

신은 인간을 창조할 때 인간에게 자유의지를 주었다. 신은 인간을 로봇으로 창조한 것이 아니다. 로봇은 프로그램된 대로 움직이지만 신이 사람을 창조할 때는 로봇처럼 프로그램에 따라 작동하도록 만든 것이 아니라, 자기 행위를 자기 방식으로 해나갈 자유 선택, 자유재량의 능력과 권리를 주었다. 인간은 피조물이되 자치의 능력을 품수받았다는 것이다. 그래서 신은 사람이 스스로 커가는 것을 보고 싶어했다. 자기가 스스로 극복해나가는 것을 보고 싶어했다. 기독교에서 신관과 인간관은 이렇게 조화한다. 이로써 인간은 자기결정(consilium)의 능력이 있는 자로 이해되었고, 인간의 자유의지는 자율의 귀속처가 되었다. 이제 국가만이 자율적인 것이 아니라, 인간도 자율적 주체로 받아들여졌다. 칸트는 이러한 인간의 자율성 이론을 승계하여, 그

위에 그의 윤리체계를 세운다.

자유의지 곧 선의지

—

칸트는 인간에게 자유의지가 있다고 했지만 사람들이 그 말의 의미를 정확하게 이해하고 사용하고 있는 것 같지는 않다. 여기서 잠시 '의지'의 의미를 새겨보자.

칸트에서 의지는 곧 '선의지(善意志, guter Wille)'이다. 만약에 의지가 있다면, 그것은 '선의지'이다. '악으로 향하려는 의지'라는 말을 누가 사용하고 싶어할지 모르겠으나, 그런 경우는 정확히 말하자면, '의지가 없음'이다. '악으로 기우는 의지'란 '의지의 박약함'을 말하는 것이다. 의지가 있는데, 그 의지가 악을 향해 있다는 식의 말은 '의지'의 의미를 모르고 쓰는 말이다. 만약에 어떤 사람이 악행을 저지른다면 그것은 의지가 약하거나 아예 의지가 없는 것이다. 따라서 "악으로 가(려)는 의지가 있다."라는 말은 이치에 맞지 않다. 의지가 있으면 그것은 반드시 선의지이다. 의지라는 것은 '좋은 것을 하려 함'을 의미한다. 그리고 좋은 것을 하려고 하다가 나쁜 쪽으로 바뀌면 의지가 약한(약해진) 것이지, 나쁜 쪽으로 의지가 발달한 것이 아니다. 정확하게 말하면 그것은 오히려 의지가 발달하지 못했다고 말해야 한다. 의지라는 것은 기본적으로 선의지이다. 또한 의지는 자유의지이다. 의지는 있는데 그 의지를 발현하지 못하면 의지가 구속을 받는 것이 된다. 자유를 구속받는 셈인 것이다. 의지는 기본적으로 자유의지이고 또한 선의지이다. 이 같은 의지론을 처음으로 섬세하게 피력한 이가 교부철학자 아우구스티누스 (Augustinus, 354~430)이다.

인간의 의지는 자유의지이고 그 자유의지는 그 자체가 선의지이다. 악한 의지라는 것은 없다. '악한 의지'라는 말은 바르지 못한 말이다. '악한 의지'란 무의지라고 해야 맞다. 의지가 박약하거나 의지가 없는 것이다. 어떤 사람이 담배는 몸에 해로우니 끊어야지 결심을 했는데, 또 피웠다 치자. 그러면 자기 몸을 해치려는 의지가 있는 게 아니라 의지가 박약한 것 아니겠는가? 처음에는 자기 건강을 위해서 담배를 끊으려고 했는데 스트레스 받아서 오히려 더 피우게 된 것이다. 그때 이 사람이 악으로의 의지가 발달했다고 말하는 것은 옳지 않고, 담배 끊을 의지가 없다, 의지가 약하다, 이렇게 말하는 것이 맞다. 이런 방식으로 의지라는 말의 사용법을 설명한 이가 바로 아우구스티누스이다. 그러니까 칸트는 자기입법 능력이라는 그리스적인 개념에다가 아우구스티누스가 만든 의지 개념을 결합시켜서, 바로 그런 능력이 인간 자신 안에 있고 그것이 인간의 본질이라고 규정했다. 바로 여기에서 당위 설정 능력으로서의 선의지라는 개념이 나오게 된 것이다. ― 앞서도 칸트 이전의 온갖 사조가 칸트에 모였다고 말한 바 있거니와, 칸트는 이렇듯 앞선 사상가들과의 대화를 통해 자기 생각의 깊이를 얻었다. 칸트는 성실한 현자(賢者)이다.

훗날 칸트는 『영원한 평화』(1795)에서 어떤 경우에도 섬멸전이나 징벌전은 있을 수 없다고 말한다. 섬멸이라는 것은 한마디로 씨를 말리는 것이다. 전면적으로 모든 것을 파괴 파멸시켜버리는 것이 섬멸이다. 완전히 섬멸시킨다는 것은 한 사람도 남기지 않고 적을 완전히 몰살시키는 것을 말한다. 징벌전은 상대가 못된 놈이니까, 악의 축이니까 없애버리겠다는 의도로 벌이는 전쟁이다. 칸트는 두 가지 모두 얼토당토않은 생각이라고 말한다. 왜냐하면 국가는, 주권국가는 인격이기 때문이다. 앞서 국가는 자율적이라고 말했다. 어느 인격도 다른 인격에 대해서 도덕적으로 문제가 있다는 말을 할 수가 없다. 너는 악질이니까 세

『영원한 평화』 원서 표지

상에서 사라져야 한다? 어느 누구도 다른 인격에 대해서 이렇게 판결을 내릴 권리가 없다. 인격들은 대등한 것이다. 대등한 관계이기 때문에 어느 인격도 상대방에게 너는 존재해서는 안 된다고 말할 권리가 없다. 인격 대 인격에서는 상호공존이 첫 번째 가는 원칙이다. 국가와 국가 사이에는 어느 쪽도 도덕적 우월성을 주장해서는 안 된다. 우리가 흔하게 보는 친구들 사이의 관계를 한번 예로 들어보자. 내가 힘이 있는데 다른 친구가 마땅치 않다고 치자. 그런데 힘으로 그 친구를 눌러주려고 하면 도덕적으로 비난을 받을까 봐 그렇게 하지 않고 대신에 계속 그 친구가 도덕적으로 문제가 있다는 쪽으로 몰고 간다. 그 친구를 공격하더라도 명분상으로 우월해지고 무탈하게 일을 처리하려고 하는 것이다. 그런데 칸트는 이런 처사를 용납하지 않는다. 개인과 개인의 인격에서도 그렇게 해서는 안 되고, 국가와 국가의 인격에서도 그래서는 안 된다는 것이 칸트의 주장이다. 인격보다 더 우선하는 가치는 없다. 그래서 자치를 하게 도와줘야 한다. 만약 어떤 나라가 못된 짓을 하면 아마 스스로 패망할 것이다. 그렇더라도 그쪽에서 도움을 청하지 않는 한, 개입해서는 안 된다. 도와달라고 할 때만 나서야지 (먼저 나서서) "내가 치유해 줄게." "너의 무능을 채워줄게." 이러면 안 된다. 개인도 마찬가지이다. "내가 너를 완성시켜줄게." 하고 나서면 안 된다. 칸트는 완성하려는 노력은 자기에 대해서만 해야 한다고 말한다. 나는 (나에 대해서) 끊임없이 나를 완성시킬 의무가 있다. 그러나 나에게 다른 사람을 완성시킬 의무가 있는 것은 아니다. 그것은 오히려 월권이다. 반면에 나는 다른 사람을 되도록 행복하게 할 의무가 있다. 타자에 대해서는 그 사람의 행복 증진에 내가 힘을 써야 하고, 나에 대해서는 나의 완성을 위해서 노력해야 한다. 칸트는 이렇게 하라는 것이다. 왜냐하면 자기 인격은 자기가 알아서 해야 하기 때문이다. 칸트의 선의지 개념은 국가에 대해서나 인간에 대해서나 그 자율성과, 그 자율성에 기반하고 있는 인격성과 연관되어 있다.

이제 '선의지'를 좀 더 풀어보기로 하자.

우리가 보통 행동을 할 때, 이웃에게는 좀 친절하게 굴게 된다. 왜 그런가 하면 어려움을 당할 때 도움을 좀 받으려면 평소에 친절하게 해두는 것이 좋을 것 같아서 그렇게 한다. 내가 친절을 베풀면 이웃도 내가 어려울 때 도와주지 않을까, 나도 점점 늙어가니까, 어떤 어려움이 닥치면 도움받을 수 있지 않을까 해서 그렇게 하는 경우가 많다. 다시 말해서 사람들은 내가 이렇게 행실을 하게 되면 어떤 결과가 올 것이라는 것을 고려해서 행동을 한다. 남자들은 젊고 예쁜 여자에게 특별히 더 친절하게 군다. 왜일까? 나도 모른다. 상당히 많은 남자들이 여느 경우에는 친절하더라도 적당히 친절한데, 젊고 예쁜 여자에게는 굉장히 친절해지곤 한다. 왜 그럴까? 당사자들도 그러한 자기의 행동에 대한 뚜렷한 의식이 없을 것이다. 아마 자기도 모르는 어떤 마음이 우러나와서 그러한 행동을 한 것이리라. 남에게 친절을 베푸는 것은 좋은 일이기 때문에, 첫 번째 경우든 두 번째 경우든 사람들로부터 칭송을 받는다. 그런데 칸트는 이런 것은 도덕적인 행실이 아니라고 말한다. 마음속에서 어떤 결과를 고려하고 하는 행위는 전략적인 것이 아니겠는가? 다시 말해서 그것은 자기 인생 전략인 것이다. 보통은 그것을 삶의 지혜라고 말한다. 좋게 말하면 삶의 지혜일 것이나, 나쁘게 말하면 처세술 또는 술책인 것이다. 이런 것은 도덕적인 행위가 아니다. 친절을 베푸는 일이 처세술은 아니더라도, 나도 모르는 마음에서 나오는 것이었다면 그것은 충동적인 것이다. 그러한 행동 역시 도덕적 행위일 수 없다. 그러면 어떻게 하는 행위가 도덕적인 것인가? 이런저런 상관없이 "이렇게 하는 것은 옳다."라는 오로지 그 이유에서 어떤 행위를 했을 경우, 단지 그런 경우의 행위만이 도덕적일 수 있다고 칸트는 생각한다. 어떤 행위를 '옳다'라고 하는 오로지 그 이유에서 행하는 의지가 곧 선의지이다. 그러니까 이런 선의지에 의한 행위는 명령을 요한다. 앞서 예로 든 것처럼 결과를 고려하는 마음에 의해서라든지 또는 자연스러운 경향성에 의해서 나온 행위에는 명령이 따를 리 없다. 행위를 계산에 따라 하거나 행위가 저절로 일어나거나 할 것이니 말이다. 그러나 오로지 '옳다'는 그 이유만으로 사람들이 행동을 한다는 것은, 실상은 마지못해서 하는 것, 억지로 하는 것이므로, 어떤 명령이 필요한 것이고, 명령에 따라 하는 행위는 의무이다. 그러니까 바꿔 말하면, 선의지는 어떤 행위를 오로지 의무이기 때문에 하려는 의지이다.

정언명령으로서의 도덕법칙

—

자연법칙과는 달리 도덕법칙은 명령형인데, 칸트는 도덕법칙을 명령 형식 중에서도 정언명령(定言命令, kategorischer Imperativ)이라 부른다. 정언명령은 단정적인 명령을 말한다. 조건적 명령이 아니고 단정적 명령 말이다. 예컨대 "네가 어려움에 처할 때를 생각해서 좀 가진 게 있을 때 이웃에게 많이 베풀라."고 명령한다면, 이러한 명령은 조건적 명령이다. 가언명령이라고도 한다. 나는 어떤 경우에도 어려움에 처할 일이 없다고 생각하는 사람에게 이러한 명령은 명령으로서 의미가 없다. 또 설령 그런 경우가 있더라도 나는 도움받을 생각이 없다고 생각하는 이에게도 그 명령은 효력이 없다. 가언명령은 이러한 것이므로, 실은 명령이라기보다 조언이나 훈계이다. 그런데 정언명령은 아무 조건 없이 "이웃에게 친절하라."고 명령한다. 그러므로 정언명령은 보편적이고 절대적이다. 도덕적인 명령은 당위적 명령이니까, 정언명령이어야 하고, 그래서 절대적이고 보편적이다.

도덕명령은 특수한 경우에만 유효한 것이 아니다. 일례로 칸트 도덕론에서 자주 언급되는 "거짓말하지 말라."라는 정언명령을 살펴보자. 일제 강점기에 어떤 애국지사가 우리집에 숨어 들어왔는데 그때 일본 순사가 찾아와서 "여기 아무개 숨었지?"라고 묻는다고 하자. 그럴 때 칸트의 말대로라면 "예!"라고 말하는 것이 도덕적 행위이다. 그 경우에 "아니오!"라고 대응하면 비도덕적인 짓이다. 어떤 경우에도 거짓말은 비도덕적인 것이기 때문이다. 예외란 있을 수 없다. 그래서 많은 사람들이 칸트 도덕론은 직관과 맞지 않다고 보았다. 그래서 말이 많았다. 앞의 예를 계속 살펴보자. 어떻게 했든지 간에 결과는 알 수가 없다. 만약 "예!"라고 해서 그 사람이 붙잡혀가서 형을 받았을 수도 있다. 반면에 "아니오!"라고 해서 잡히지 않았다고 해도 그날은 모면했겠지만, 그다음날 다른 곳에서 잡혔을지도 모른다. 요행히 그날은 면했더라도, 그 뒷일은 아무도 알 수가 없다. 칸트는 심지어, 그 애국지사가 살아남아 자식을 보았는데 그의 자식이 매국노가 될 수도 있다고까지 본다. 공연히 그 아버지를 숨겨주어 그로 인해 진짜 불한당 아들이 나올 수도 있다는 것이다. 이런 식으로 가면 결과가 일파만파인 셈이다. 그러니 결과를 생각해서는 어떤 행위도 판정할 수가 없다는 것이 칸트의 생각이다. 행위의 결과가 언제까지 이어지고 어디까지 미칠지 모르지 않는가? 그러니 행위는 결코 결과를 예상하거나 특정 시기에 보인 결과에 따라서 판정할 일이 아니다.

선악은 어떤 행위의 결과를 기다릴 필요 없이 그 동기에서 이미 분명하게 드러난다. 만약 결과를 가지고 행위의 선악을 판정하려고 한다면, 그것은 가능한 일이 아니다. 어떤 행위에 대해서도 최종적인 결과란 도무지 알 수가 없다. 언제까지 결과를 추적할 것인가? 누구의 어떤 행위라도 인류의 미래 끝까지 가봐야 그 결과가 어떻게 나올지 알 수 있을 것 아니겠는가? 그래서 결과주의의 대표격인 공리주의도 문제가 있는 것이다. 공리주의의 원리인 '최대 다수의 최대 행복'이라는 것은 그 안에 '더욱더 많은' 사람들에게 이익이 되는 것이 좋다는 주장을 포함한다. 그런데 대체 '더욱더 많은' 사람들이란 누구를 지칭하는 것인가? 요새 사람을 말하는 것일까? 한국 사람만 말하는 걸까? 아니면 일본 사람도 포함하는 것인가? 그것도 아니면 백 세대 후의 사람들도 포함하는 것인가? 누구를 지칭하는지 알 수가 없다. 그러니 아무 의미가 없는 말이다. 사람들은 대체로 자기 옆에 있는 사람들만 생각할 것이다. 하지만 그 끝을 알 수 없다. '더욱더 많은'이라는 말만으로는 아무것도 한정할 수가 없다.

칸트는 행위의 선악을 행위의 결과에서 판정하고자 하는 것은 부질없다고 보았다. 행위의 선악은 이미 그 동기에서 충분히 드러나 있으니 말이다. 칸트는 도덕론에서 법칙주의자이자 의무론자이며 동기주의자이다.

한국 사회 윤리의 근간인 보은(報恩)과
칸트 의무론

―

그런데 칸트의 윤리이론은 한국 사람들에게는 얼핏 생소하다. 서양 사회 문화에서는 의무론적 윤리관을 쉽게 만날 수 있다. 키케로(Cicero)의 윤리관도 의무론적이고, 기독교 윤리도 의무 윤리이다. 신이 왜 거짓증언하지 말라고 했을까? 물론 학자들이 그 원인을 찾으려고 할 수는 있지만 끝까지 해답을 얻지는 못할 것이다. 그것은 신만이 알 것이니까. 신은 왜 계명을 열 개만 골랐을까? 그것도 신만이 알 것이다. 학자들은 어떻게든 그 이유를 설명해내겠지만, 결국은 모두 상상에 의한 것이다. 그러니 "신이 왜 그런 명령을 내렸을까?"라고 물어보아도 쓸데없는 일이다. 그냥 명령대로 해야 한다. 명령을 받았으면 수행을 해야지, 그런 명령을 왜 내렸는지 사색할 일이 아니다. 명령을 받은 사람은 말 그대로 명령을 행해야 하는 것이다. 따지면 안 된다. 따지면 그것은 명령이 아니다. 그래서 명령이라는 것은 무조건적이고, 명령의 이행은 의무이다. 한국인이 친숙한 윤리는 의무 윤리가 아니라서, 이러한 윤리론에서 생소함을 느끼는 사람이 많다. 하지만 기독교도 스토아 사상도 칸트도 의무 윤리를 말한다. 그 의무가 기독교에서는 신의 음성(초자연주의)을 통해, 스토아 사상에서는 자연의 소리(자연주의)에 실려, 칸트에서는 인간 자신의 이성의 울림(인간주의)으로 들려오는 차이가 있을 뿐이다.

　그렇다면 한국 사회의 전통 윤리는 무엇에 바탕을 두었을까?
한국 사람들은 의무 의식이 약하기 때문에 권리 의식도 약하다.
누가 호의를 베풀어 감사를 표하니, "저는 의무라서 한 것뿐입
니다."라고 무심하게 응대하면, 멋쩍어한다. 또 권리 주장을 당
연한 것으로 여기면 싹수가 없는 것이 된다. 그런 사람하고는
같이 못 산다. 당연히 남의 권리는 지켜주어야 하는데, 누가 "이
것은 내 권리야." 하면 그 순간부터 분위기가 무거워진다. 의무
에 대해서도 그렇지만 권리에 대해서도 정색하면서 그것을 내
세우면, 한국 사회에서는 상종하기 어렵다고 한다. 그래서 권리
의무 관계가 사람들에게 썩 익숙하지가 않다. 왜 그럴까? 한국
인은 정을 주고받는 풍속을 가져서 그렇다. 정을 나누는 사회이
기 때문에 권리 의무를 왜 따지냐고 하는 것이다. 권리가 있다
고 해서 네가 그것을 꼭 주장해야 하겠냐, 내 의무라서 꼭 내가
해야 하겠냐? 그리고 결정적으로 이렇게 말하면 끝이다. "너와
나 사이에?" 우리 사회에서는 이렇게 되고 만다. 인간관계가 권
리와 의무로 맺어진 게 아니라 정으로 맺어졌기 때문이다. 정없
는 권리와 의무는 인간관계를 소원하게 만든다. 그래서 정을 붙
이려면 권리도 의무도 대충해야 한다. 그러면 정이란 어떻게 생
기는가? 인연이 있어야 정이 맺어진다. 생판 처음 본 사람에게
무슨 정이 있겠는가? 자주 만나거나 한동네 사람이거나 동창이

라도 되거나 씨족이 같거나 그래야 정이 맺어질 수 있다. 그래서 혈연, 지연, 학연, 이런 것이 우리 사회에서는 대단히 중요하다. 이와 같은 관계로 모든 것이 결정된다. 이런 관계의 연장선상에서 주고받는 것이 은혜이다. 따라서 한국 사회 윤리의 근간은 '보은의 윤리'라고 할 수 있다.

은혜를 갚는 것, 은혜를 베풀고 그 은혜에 보답하는 것에 대해서 한국 사회는 대단히 민감하다. 어머니의 은혜는 하늘보다 높고 바다보다 깊다고 노래 부르는 사회는 아마도 한국밖에 없을 것이다. 어머니가 정성을 다해 자식을 기르는 것은 당연한 일인데, 그것을 가지고 하늘보다 높고 바다보다 깊은 은혜라 노래 부를 것이 있겠나? (이렇게 말하는 자식은 이미 은혜도 모르는 불효자식으로 추락한다.) 그런데도 아이가 커서 말을 좀 안 들으면, "내가 너를 어떻게 길렀는데" 하며 자식 앞에서 공치사하는 부모 또한 한국 사람밖에 없을 것이다. 다른 나라에서는 왜 그렇지 않느냐고? 부모가 자식을 잘 돌보는 것은 당연한 일이니 그렇다.

한국 사회에서는 이처럼 모든 것이 인연과 정으로 맺어져 있다. 우리 동네에 출세한 사람이 하나 나오면 모두들 그 사람과 연을 맺으려 하고 모든 것을 그 사람을 찾아가서 해결하려고 든다. 왜 그러냐 하면 은혜 관념 때문이다. 그래서 한국 사회에서는 배은망덕한 사람이 제일 나쁜 사람이다. 국가적인 의무고 뭐고 다 제쳐놓고 은혜를 갚아야 한다. 그게 최우선이다. 의무의 윤리는 낯설고, 한국 사회의 심연에서 작동하는 윤리의식은 보은의 윤리이다. 한국 사회의 상당히 많은 문제들이 이 두 가지 윤리, 인간관계가 충돌하는 상황에서 일어난다. 예를 들면 자신의 문제는 보은의 문제로 해결하려고 하고, 남의 문제는 권리 의무의 문제로 해결하려고 든다. 그래서 남을 비난할 때는 "그 자가 권리나 의무 개념이 없다."라고 막 욕을 해대고, 누가 그런 것을 자기한테 요구하면, 대신에 "인간이 그러면 되냐, 인정머리 없는 녀석."이라고 말한다. 대체로 작금의 한국인들의 처신이 이렇다. 너무 오랫동안 이렇게 해와서 그런 의식과 처신의 방식이 쉽게 바뀌지는 않을 것이다. 만약 의무 윤리가 바람직하다고 하여 그쪽으로 나가면 대신에 인정은 없어진다. 인정도 있고 권리 의무 개념도 철저한 그런 경우는 기대하기 어렵다. 아마도 이상사회의 도래를 바라야 할 것이다.

그래서 의무 관념이 철저한 서양 사람들을 만나면 기분 나쁠 때가 많다. 상대가 호의를 베푼 데 대해 내가 고맙다고 인사를 건네면, "뭘 그렇게 고맙다고 그래, 난 당연히 내 의무를 다했을 뿐인데."라는 식으로 반응한다. 너를 좋아해서 한 게 아니라 자기가 해야 할 의무라서 한 것이라며 전혀 감정 표현이 없으면, 대체로 우리는 고마운 생각이 들다가도 갑자기 괘씸한 생각이 든다. 그냥 자신의 의무로 했더라도, 너 좋으라고 했다고 해야지 흡족하지 않은가? 참 신기한 일이다. 의무라는 것은 마땅찮다. 의무로 다가오니까 더욱더 하기 싫다. 하지만 하기 싫어도 그것을 내 의무로 여기고 하게 하려면 강제가 되어야 한다. 그래서 도덕은 강제이다. 하기 싫어도 해야 하는 것이다. 하고 싶어서 하는 것이 아니라 하기 싫어도 해야 하는 것이다. 그런데 이것이 자율이니까 그 규칙을 자기가 세웠다는 말이 된다. 자기가 세웠으니까 자기규칙에 의해서 자기가 강제를 당하는 것이다. 그러니까 도덕은 자기강제인 것이다. 인간의 자기강제가 곧 도덕이다.

도덕법칙은 의무법칙이다

그래서 윤리 도덕은 의무의 보편적인 명령으로 나타난다. 『실천이성비판』 §7에 나오는 아주 유명한 구절이 있다.

"너의 의지의 준칙이 항상 동시에 보편적 법칙 수립의 원리로서 타당할 수 있도록, 그렇게 행위하라."(KpV, A54=V30)

칸트는 이 정언명령을 도덕법칙 중 최상위 법칙으로 본다. 이름하여 "순수 실천이성의 원칙"이다. 그러니까 어떤 도덕률도 이 원칙에 부합해야 한다. 이것을 벗어나는 도덕률은 있을 수 없다.
칸트는 규칙(Regel)을 준칙(Maxime)과 법칙(Gesetz)으로 나누어

본다. 준칙은 내가 어떤 행동을 할 때 내 행동의 기준으로 삼는 규칙을 말한다. 그러니까 주관적인 규칙이라고 할 수 있다. 반면에 법칙은 객관적인 규칙이다.

"너의 의지의 준칙이 항상 동시에 보편적 법칙 수립의 원리로서 타당할 수 있도록, 그렇게 행위하라." 이것이 모든 도덕률의 최고 원리라고 했는데, 이것이 왜 최고의 원리인가? 이것은 자명한 것이다. 최고의 규칙이라는 것을 증명하라는 것은 자명한 것을 증명하라는 것과 같다. 논리에서 모순율이라는 것이 있다. "그것과 상충되는 것은 결코 그것에 속할 수 없다."는 것이 모순율이다. 어떤 것과 상충되는 것은 그것에 속할 수 없다. 예를 들면 '둥근 사각형'은 있을 수 없다. '사각형'에는 '둥글다'는 것이 속할 수 없기 때문이다. 양자는 상충적인 것이다. 그런데 상충되는 것은 서로 속할 수 없다는 것을 우리는 어떻게 알았나? 그런 것을 본 적이 없어서일까? 아니다. 그냥 말이 안 되어서 그런 것이다. 그러니까 모순율은 자명한 논리규칙이다. 이런 논리규칙은 증명할 수도, 증명할 필요도 없이 타당한 것이다. 그냥 인간의 사고방식, 사고구조가 그러한 것이다.

데카르트는 인식론에서도 철학사의 한 시대를 새롭게 열 만큼 중요한 일들을 했다. 그 하나가 진리 개념을 새롭게 세운 일이다. 아리스토텔레스 이래로 진리의 규정은 여러 가지가 있다. 진리는 언명 중에 있으니, 말이 서로 정합해야 한다는 진리 정합설, 또 진리는 인식과 실재의 합치에 있다는 진리 일치설, 진리는 사람들 간의 의견의 합치에 있다는 진리 합의설, 또는 인식의 진리 여부는 그 사용에서 드러난다는 진리 실용설 등 여러 진리론이 있다. 그런데 데카르트는 확실성, 자명성에서 진리를 보았다. "나는 무엇인가를 의식한다(ego-cogito-cogitatum)."라는 인식은 무엇보다도 확실하다. 이것보다 더 명료하고 분명한 인식은 없다. 확실성이 모든 참인식들의 출발점이다. 이 인식의 출발점은 최초의 인식이라서, 이 인식의 참임을 증명할 다른 수단이나 방법은 없다. 이 인식이 참임의 근거는 그것의 확실성이다. 그러니까 이 인식이 진리임은 자명하다는 말이다. 이제 진리의 최고 기준은 인식의 확실성, 자명성이다. 그런 의미에서 "나는 생각한다. 그러므로 존재한다.(cogito ergo sum.)"는 진리의 '일반적 규칙'이다. 인식론의 역사에서 이러한 데카르트의 발상은 혁명적인 것이다. 이로써 논리법칙의 보편타당성의 근거 또한 그 자명성에 있음이 선언되었다. 데카르트는 이를 '자연의 빛'이라고 일컫기도 했다. 칸트는 데카르트의 발상을 도덕법칙에 대해서도 활용한다. 논리법칙이 자명하듯이 도덕법칙도 자명하다는 것이다. "우리가 순수한 이론적 원칙들을 [자명한 것으로] 의식하는 것과 꼭 마찬가지로, 우리는 순수한 실천법칙들을 의식할 수 있다."(KpV, A53=V30)는 것이다.

진리가, 최고 법칙의 정당성이 그 자명성에서 유래한다는 이런 생각을 출발점으로 삼으면 반전이 일어난다. 이를 수용하고 나면 사태 전환이 일어난다는 말이다. 요즘 사회를 보면 지식이 모든 것을 이끌고가는 것처럼 보인다. 그래서 사람들이나 사회가 지식을 매우 중요하게 여기는 것 같지만 사실은 도덕을 더 중요시한다. 대다수의 사람들은 윤리 문제에 더 예민한 것이다. 예를 들어서 어떤 종교도 수학 시험 100점 맞으면 천국 간다고 보장하지 않는다. 착하게 살면 천국 간다고 하지, 수학을 잘해야 천국에 간다고는 하지 않는 것이다. 사람들은 누군가가 수학 시험에서 50점 정도를 받으면 공부를 좀 안 하나 보다 생각한다. 그런데 도덕적인 행위와 관련해서는 행실이 기대의 절반 수준이면 나쁜 놈이 되고 만다. 말로는 "내가 나쁜 놈 되고 말지." 라고 하지만, 사람들은 정작 '나쁜 놈'이라는 말을 들으면 속으로는 매우 큰 상처를 입는다. 이러한 사태는 실은 사람이 착하다는 증거이다. 원래부터 악질이라면 그런 말에 내상을 입지 않는다. 그렇기 때문에 이것이 사람이 기본적으로 선하다는 증거가 될 수도 있는 것이다. 칸트의 윤리론은 바로 이것을 토대로 시작한다.

자유가 인간을 존엄하게 한다

"너의 의지의 준칙이 항상 동시에 보편적 법칙 수립의 원리로서 타당할 수 있도록, 그렇게 행위하라." — 이 명령은 인간이면 누구나 다 이렇게 행할 수 있음을 전제한 것이다. 인간이라면 누구라도 그렇게 할 수 있다는 것이다. 사람들은 보통 할 수 있으니까 해야 한다고 말하는데, 칸트는 반대로 말한다. '해야 하니까 할 수 있다'는 논리를 갖고 있다. — 칸트의 이런 당위론을 조롱하듯이 실러는 이렇게 읊었다. "이론적 영역에서는 더 이상 아무것도 발견되지 않는다네. / 그럼에도 실천 명제는 타당하다네: 너는 할 수 있다. 왜냐하면, 너는 해야 하니까."(Schiller, *Die Philosophen*, Achter) — 인간은 마땅히 해야 할 일은 당연히 할 수 있다. 즉 자유의 힘이 있다. 해야 할 일을 할 수 있다는 것은 자유의 힘이 있다는 말이고, 이것이 칸트의 말이다.

이러한 자유의 사용에는 두 가지 방식이 있다. 자유는 내적으로도 사용되고 외적으로도 사용된다. 이를 두고 내적인 자유도 있고 외적인 자유도 있다고 말하기도 한다. 곧 나와의 관계에서의 자유가 있고 타자와의 관계에서의 자유가 있다는 말이다. 나와의 관계에서의 자유가 도덕의 기초(준칙)가 되는 것이고, 타자와의 관계에서의 자유가 법의 기초(법칙)가 된다.

'나의 자유'란 무엇을 말하는가? 자유란 어떤 구속에서 벗어남이다. 내가 있는데 또 내가 나를 구속하는 것이 있다. 아우구스티누스는 그것을 욕정(libido)이라고 했다. 나의 자유를 구속하는 것을 욕정이라고 본 것이다. 내가 욕정에 사로잡히면 내 자유가 마비되는 것이다. 즉 어떤 욕구에 의해서 내 의지가 마비되는 것이다. 칸트에서도 마찬가지다. 인간은 이성을 갖고 있다. 그런데 오로지 이성만 갖고 있는 게 아니다. 동물이 아닌 어떤 존재자는 순전히 이성만을 가질 수도 있겠다. 신이나 천사는 순전한 '이성적 존재자'라고 일컬어진다. 그런데 인간은 동물이기 때문에 또한 경향성(Neigung: inclination)을 갖고 있다. 욕정을 갖고 있다. 이 욕정에서 벗어나는 것, 그것이 곧 자유이다. 자유는 자기의 욕구에서 자기가 벗어남이다. 자유는 해탈인 것이다. 그 자리에 도덕이 있다. 자기의 경향성에서 벗어나 의지가 활약하게 되면 선한 행동만을 하게 된다. 도덕적 행위는 이렇게 생기는 것이다.

인간 존엄성의 원칙

━━

이러한 도덕적 행위들의 최상의 원리가 이른바 '인간 존엄성(human dignity)의 원칙'이다. 칸트는 이를 『윤리형이상학 정초』에서 다음과 같이 정식화했다.

"네가 너 자신의 인격에서나 다른 모든 사람의 인격에서 인간(성)을 항상 동시에 목적으로 대하고, 결코 한낱 수단으로 대하

지 않도록, 그렇게 행위하라."(GMS, B66이하=IV429)

'존엄성'이라는 말이 있다. 어느 나라 사람들은 비가 오면 최고지도자의 사진을 품에 안아서 비에 맞지 않도록 한다는데, 이런 것이 '존엄'에 대한 태도이다. '진리체계'도 묵수(墨守)되는 지경에 이르면 이런 대접을 받는다. 존엄은 모든 논설의 첫머리와 마무리에 반드시 등장한다. 옛날 유학자들의 모든 글은 '자왈(子曰)'로 시작해서 '자왈(子曰)'로 끝난다. 그리고 모든 신학의 글들도 《성서》, 몇 장 몇 절의 인용으로 시작해서 한참 사설이 이어진 후 다시 《성서》, 몇 장 몇 절의 인용으로 마무리를 한다. 왜냐하면 모든 논설은 그 타당성을 절대 진리에 의해 보증받을 수 있으니까, 절대 진리의 힘으로 논설을 열고 닫는 것이다. 그래서 예전 소비에트에서 나온 『철학사전』도 보면, 표제어가 무엇이 되었든 그 풀이는 '마르크스 엥겔스에 따르면'으로 시작해서 '마르크스 엥겔스에 따르면'으로 끝난다. 이 역시 '자왈(子曰)'로 시작해서 '자왈(子曰)'로 끝나는 격이다. 심지어 미적분도 '마르크스 엥겔스에 따라서' 설명해준다.

이러한 행태는 한 체계 내에서는 모든 개체들이 체계의 구성요소로서만 의미를 얻기 때문에 나타나는 것이다. 굳어진 체계가 들어서면 예나 지금이나 동에서나 서에서나 다 그렇다. 학술계도 다를 바가 없다. 만약 자기가 제일 좋아하는 사상가가 한 사람 있으면 모든 논문이 그 사람으로 시작해서 그 사람으로 끝나게 된다. 백 아무개의 글을 보면 제목이 무엇이 되었든 칸트로 시작해서 칸트로 끝난다. 다른 이야기를 하다가도 끝에 가면 결국 칸트로 마무리된다.

존엄은 대체가 안 되는 것이다. 존엄한 것은 절대적 가치를 갖는다. 가치 있는 것은 가격을 갖거나 존엄성을 갖는데, 가격이 있는 것은 교환이 되나 존엄한 것은 그렇게 될 수가 없다. 가격이 없으니 얼마짜리인지를 모르기 때문에 교환이 이루어질 수가 없는 것이다. 존엄한 존재는 교환도 안 되고 바꿀 수도 없다. 인간이 존엄하다 함은 사람 개개인이 존엄하다는 뜻이고, — 근대 문명사회에서 "사람이 존엄하다."는 말은 "개개인이 존엄하다."는 뜻이다. — 그 말은 어떤 개인도 다른 어떤 개인으로 대체할 수 없다는 것을 뜻한다. 내 친구 녀석이 못생겼다고 해서 잘생긴 다른 사람과 바꿀 수도 없다는 말이다. 그렇게 비교해서 바꿀 수 있으면 그것은 물건이다. 물건에는 값이 있으니까 값에 따라서 두 개를 한 개로 바꿀 수 있고 셋으로 바꿀 수도 있고, 이렇게 객관적인 가격에 따라 교환도 하고 대체도 할 수 있다. 가격이 있는 것도 가치가 있는 것이기는 하다. 그 가치만큼 값이 붙은 것이다. 따라서 그것은 교환이 가능한 가치이다. 그래서 그것은 상대적 가치, 즉 수단이 된다. 매개가 되는 것이다. 그런데 존엄은 절대적이다. 절대적인 것은 바꿀 수 없다. 인간이 존엄하다는 말은 바로 이런 뜻이다. 이렇게 존엄성의 가치를 갖는, 따라서 무엇과도 교환이 되지 않고, 무엇을 위한 수단이 될 수 없는 것을 '목적' 또는 '목적적 존재자'라고 일컫는다. 그러니까 인간은 오로지 목적이며, 인간 사회는 '목적들의 나라'이다. 그래서 인간 존엄성의 원칙은 '도덕의 최상 원리'이다. 도덕적 행위라면 응당 인간을 목적으로 대하는 행실이어야 할 것이니 말이다. 인간을 수단으로 하는 행동은 결코 도덕적일 수가 없다.

여기서 '인간 존엄성의 원칙'의 함축을 좀 더 살펴보자.

칸트는 "네가 너 자신의 인격에서나 다른 모든 사람의 인격에서"라고 말한다. 사람들은 다른 사람의 인격만 수단으로 삼는 게 아니라 자기의 인격도 스스로 수단으로 삼는 것이 실태이기 때문이다.

사람들은 곧잘 스스로 자기를 존엄하게 여기지 않고 자기한테 값을 붙인다. "나 얼마짜리인데 살래?" 하는 식으로 자기가 자기를 판매한다. 남이 판매하는 게 아니라 자기가 자기를 판매한다. 칸트는 바로 이것을 경계하고 있다. 공자도 이런 행태를 경계했다. 『논어』에 보면 "옛날에 공부하는 사람들은 자기를 위해서 했는데 요새 공부하는 사람들은 남을 위해서 한다.(古之學者爲己 今之學者爲人)"(『論語』, 憲問 25)라는 대목이 나온다.

남을 위해서 (공부)하는 것은 '이타적'인 일일 것이니, 좋아 보이는가? 그런데 공자의 저 말은, 옛날에 공부하는 사람들은 자기완성을 위해서 공부했는데 지금 공부하는 사람들은 남한테 잘 보이기 위해서 한다는 것을 뜻한다. 그래서 '위인지학(爲人之學)'이니 '위기지학(爲己之學)'이니 하는 말이 생겼다. '남을 위한 공부'니 '자기를 위한 공부'니 하는 말이다. 후자가 자기의 존엄성을 높이려는 공부라면, 전자는 자기의 값을 키우려는 공부라 할 것이다.

　공부란 그 근본이 사람을 만드는 일이니, 공부의 핵심은 자기를 사람 곧 인격으로 만드는 과업이다. 이에 공자는 자기의 가격을 올리려고 공부하지 말라고 경계한 것이다. 중국 사람들이 칸트를 처음 읽었을 때, 배경을 제대로 알지 못했기 때문에 칸트를 가리켜 서양 근대에 태어난 공자라고 했다. 칸트의 말들만 보면 공자와 비슷하니까, 겉에 드러나 있는 말들만 보고서 칸트를 공자와 비견했던 것 같다. 그러나 칸트의 모든 개념들은 기독교적 사상과의 관계 속에서 성립되어 있다.

인격은 꾸밈에 있다

　다음으로 '인격'이라는 말에 주목해보자.

　인간 사회는 존엄성을 가진 인격들의 공동체이므로 목적들의 나라이다. 칸트는 사람들이 서로를 한낱 수단으로 대하는 사회가 아니라, 목적으로 대하는 사회를 만드는 일이 사람들의 도덕적 과제임을 말하고 있다.

그런데 사람됨, 인격(Person)이라는 말 속에는 숨겨져 있는 뜻이 또 하나 있다. 주지하듯이 서양 언어에서 인격이라는 말은 '페르소나(persona)'를 어미말로 갖는데, '페르소나'의 원뜻은 가면(假面)이다. 가면이라는 것은 거짓(얼굴), 탈이다. 이 말 속에 윤리 도덕의 참뜻이 들어 있다. 도덕은 사람의 거짓(얼굴)이다. 그래서 순자(荀子)도 윤리적 행위를 '꾸밈', '위(僞)'라고 본 것 아닌가? 순자는 도덕을 허위라고 했다. 가면이라는 뜻이다. 찬찬히 들여다보면, 인격이란 내 경향성대로라면 이렇게 할 것인데, 그렇게 하고 싶지 않은 척하면서 경향성과는 다르게 하는 행실 중에서 드러나는 것이다. 내 속마음은 저자의 것을 빼앗아 갖고 싶은데, 안 그런 척하면서 무심한 태도를 보이거나, 저자가 그것을 가진 것을 축하하는 행실에서 인격이 나타나는 것이다. 속마음대로 그것을 빼앗아 가져버리면 나쁜 자가 된다. 진심대로 하면 나쁜 자가 되는 것이다. 인격이라는 것은 거짓(얼굴), 꾸밈에 있다. 인격은 꾸며야 한다. 내가 철학과에 막 입학해서 한문 공부도 할 겸 「사자 소학(四字小學)」을 읽었다. 여기서 맨 처음 맞닥뜨린 문구가 '쇄소응대(灑掃應對)'이다. '쇄소응대'란 누가 온다고 하면 먼저 세수도 하고 머리도 빗고, 이불도 개고 거실도 쓸고 닦고, 마치 평소에도 그렇게 사는 척하고 앉아 기다렸다가 맞이하는 것이 도리임을 이르는 말이다. "나는 있는 대로 보여줄 거야." "난 꾸미기 싫어. 그런 것은 가식이야." 이러면 그 사람은 인격이 없는 것이 된다. 인격이란 평소에 안 하던 짓을 해야 하는 것이다. 인격은 이처럼 사실 솔직하지는 않다. 있는 그대로를 보여주지 않는 것이 인격이다. 많은 사람들이 인격의 실상을 오해하고, '솔직함'과 인격을 혼동하는 것 같다. 기본적으로 꾸밈, 다시 말하면 자기통제, 있는 대로가 아니라 자기를 통제하고, 자연적 경향성을 억제함에 인격이 있다. 그래서 사람들은 "인격자는 자기를 괴롭히고, 비인격자는 남을 괴롭힌다."라고 말하기도 한다.

자유 공존의 원칙

━━

자유는 외적으로, 곧 타인과의 관계에서도 사용된다. 그때 법적인, 정치적인 자유의 문제가 발생한다.

나의 내적 자유는 내가 어떻게든 통제해서 나를 이끌어갈 수 있지만, 타인과의 관계에서의 자유는 내 뜻과 내 능력만으로는 어찌할 수 없는 측면을 갖는다. 각각의 사람은 그의 자유를 다른 사람과의 관계에서 어떻게 행사해야 할까? 이를 규정하기 위해 칸트는 이른바 '자유 공존의 원칙'을 아래와 같이 정식화했다.

"너의 의사의 자유로운 사용이 보편적 법칙에 따라 어느 누

구의 자유와도 공존할 수 있도록, 그렇게 행위하라."(MS, RL, AB34=VI231)

외적 자유를 주제로 다룬 『윤리형이상학』의 「법이론의 형이상학적 기초원리」에서 누구나 자유를 행사하는 것은 인간의 권리이지만, 각자의 자유의 행사가 다른 사람의 자유의사와 공존할 수 있는 범위 내에서 그렇게 해야 함을 말한다. 나의 자유의 행사가 다른 이의 자유 행사를 제약한다면 시민사회는 유지될 수 없다. 시민사회의 모든 법률은 이 원칙에 따라서, 세상의 모든 실정법들은 이 원칙에 맞게 만들어져야 한다. 누구나 다 자유를 추구하기 때문에 어떤 개인 또는 어떤 계층의 자유 추구가 다른 개인 또는 다른 계층의 자유 추구와 충돌하면 안 된다. 그것을 화해시키고 교정하는 일이 국가의 입법기관이 하는 일이다.

『윤리형이상학 – 제1부 법이론의 형이상학적 기초원리』
원서 표지

이렇게 칸트에서 윤리와 국가의 법률은 인간의 자치 능력, 곧 자유에 기반하고 있는 것으로 설명된다.

덕과 행복의 합치, 최고선

이제 이야기의 주제를 『실천이성비판』의 변증학에 등장하는 '최고선(sunum bonum)' 개념으로 옮겨보자.

'최고선'은 칸트적 이성의 세 번째 물음 "나는 무엇을 희망해도 좋은가?"의 답이다. 이 물음은 내가 도덕법칙에 따른 덕행을 했으면, 무엇을 바라도 좋은가를 묻는데, 내가 희망해도 좋은 바는 나의 덕행에 부합하는 행복을 누림이다. 여기서 칸트는 최고선을 은연중에 '덕과 행복의 합치'로 생각하고 있음을 밝히고 있다.

이러한 칸트의 '최고선' 개념은 이 개념의 역사에서 볼 때 독특한 것이다. 주지하듯이 아리스토텔레스는 가장 좋은 것이란 "그 자체 때문에 바라고, 다른 것들은 이것 때문에 바라는 것"(Aristoteles, *Ethica Nicomachea*, 1094a 19)이라고 규정하고, "대중들과 교양 있는 사람들 모두 그것을 '행복(εὐδαιμονìα)'이라고 말한다."(Aristoteles, *Ethica Nic*, 1095a 18/19)라고 했다. 그런데 아우구스티누스가 인용하는 바로(Marcus Varro)의 조사에 따르면 최고선에 관한 고대 학파들의 견해만 해도 "무려 288

개"(Augustinus, *De civitate dei*, XIX, 1.1 참조)나 있을 정도로 기실 '최고선'이 뜻하는 바는 가지각색이다.

많은 사람들이 최고로 좋은, 최고선으로 행복, 덕, 해탈과 같은 것을 꼽은 반면에 칸트는 "착한 행실을 한 그만큼 행복을 누리는 상태"로 규정하고 있다. 그런데 이러한 최고선의 실현은 실천이성 밖에서나 이루어질 것이므로 『실천이성비판』 안에서의 이에 대한 사변은 변증적일 수밖에 없는 것이다.

칸트는 인간에게 허용될 수 있는 희망은 '행실을 한 그만큼 행복을 누림'이라 했는데, 아마도 착하게 살면서도 복을 받지 못한 사람들에게 희망을 주려고 이런 논변을 폈겠지만, 대다수의 사람에게 칸트의 '최고선'은 '최악'일 가능성이 높다.

착한 일을 한 그만큼 복을 받는 상태, 이것이 최고선이다. 그러한 최고선이 실현되는 사회야말로 정의롭고 근사한 사회일 것인가? 칸트가 규정한 그대로의 '최고선의 사회'는 정의로운 사회일지는 몰라도, 아마도 대부분의 사람들은 몹시 불행 속에 빠져 있는 사회일 것이다. 세상 사람들이 착한 일 한 것에 상응해서 복을 받는다고 하면 복 받을 사람이 그리 많지 않을 것이니 말이다. 아마도 현실은 굉장히 비참한 세상이 되고 말 것이다. 자기 자신을 한 번 생각해보라. 정말로 자기가 착한 행동을 한 만큼만 복을 받는다면 과연 죽이라도 먹을 수 있을까? 그런데 칸트가 이런 말을 하는 것을 보면 칸트는 정말 착하게 살았나 보다. 내가 라이프니츠의 『단자론』을 읽으면서 무릎을 쳤는데 거기에 이런 구절이 나온다. "사람은 4분의 3이 동물적이다." 아니 어떻게 사람이 4분의 3만 동물적이겠는가? 나를 돌아보면 99.9퍼센트가 동물적임을 고백하지 않을 수 없다. 그래서 '야, 라이프니츠는 얼마나 이성적이면 이성이 4분의 1이나 차지할까?' 하는 생각을 하면서 무릎을 쳤었다. 그런데 라이프니츠는 그것도 좀 약하다고 생각하고 쓴 것 같다. 여러분은 어떻게 생각하는가? 4분의 3만 동물적이라고 생각하는가? 근대의 이성주의자들은 대단하다. 라이프니츠도 그렇고, 마찬가지로 칸트도 저렇게 말할 수 있는 것을 보니 말이다.

최고선의 조건으로서의 영혼의 불사성과 신의 현존 요청

좋은 뜻에서 칸트의 '최고선'이 실현되기 위해서는 두 가지 조건이 갖추어져야 한다. 만약 사람들이 도덕법칙에 따라 행동하지 못하게 되면, 최선은커녕 최악의 상태에 빠질 것이므로, 첫째로 이를 피하려면 어떻게든 사람들은 도덕법칙에 따라 행위할 수 있어야 하고, 둘째로 그렇게 덕행을 한 자가 행복을 누려야 한다. 그런데 이러한 두 조건이 어떻게 충족될 수 있을까?

최고선의 제일 조건이 충족되려면 무엇보다도 내 마음씨가 도덕규칙과 일치해야 한다. 거짓말하지 말라고 하는 것이 도덕 규칙이면 어떤 경우에도 내 마음씨가 늘 이에 일치해야 한다. 그런데 현실 세계에서 누가 이러한 경지에 이를 것이라고 기대할 수는 없다. 그래서 칸트는 인간의 마음씨가 도덕법칙과 항상적으로 합치하기 위해서는 무한한 시간 길이가 필요하다고 본다. 영혼이 죽는 일 없이 이 합치를 위해 무한히 전진해나가야만 한다는 것이다. 이를 위해 칸트는 '영혼의 불사성'을 요청하지 않을 수 없다고 한다.

그런데 이제 내 영혼이 결코 죽지 않고 끝내 도덕법칙에 따른 행실을 실천한다 해도, 그 영혼이 행복을 누리기 위해서는 자연 세계가 덕행을 한 자의 행실에 부합하게 움직여야 한다. 행복이란 감성세계에서의 필요요구의 충족이고, 그러한 것은 자연세계에서 이루어지는 것이기 때문이다. 이제 문제는 행실은 도덕법칙에 따라 한 것이고, 행복은 자연법칙에 따라 충족되는 것인만큼, 이 전혀 다른 두 법칙 세계가 합치하는 일이 일어나야 하는데, 그것은 신의 힘에 의해서나 가능한 일이다. 여기서 칸트는 최고선의 실현을 위해서 신의 현존을 요청하지 않을 수 없다고 사변한다.

'순수이성 비판'이라는 지난한 작업을 통해, 영혼이나 신은 인간의 감성에 주어지는 것들이 아니므로, 인식 밖의 것이라고 역설한 칸트가 '최고선'의 실현이라는 희망을 내세워 이 양자를 되살려놓았다. 칸트가 현실의 기독교회 행태가 마음에 들지 않아 교회 행사에는 참여하지 않았지만, 그렇다고 기독교를 떠나지 않았음을 이렇게 보여주고 있다.

진상과 가상

칸트 『실천이성비판』의 「변증학」을 읽고나면 "선량한 칸트 선생이 무진 애를 쓰는구나." 하는 느낌을 강하게 받는다. 하지만 설득력이 전혀 없다.

사실 인간이 도덕적이지 못한 근본적 이유는 자연적 경향성에 있다. 그런데 자연적 경향성이라는 것은 인간이 신체를 갖고 있는 데서 말미암은 것이다. 한 인간의 죽음은 그의 신체가 더 이상 유기체로 활동하지 않는다는 뜻이다. 그렇기 때문에 죽는 순간 일체의 욕구도 사라진다. 욕구가 없으면 욕구의 충족 상태인 행복이라는 것도 없다. 신체가 없는데 자연적 경향성이 있겠는가, 물욕이 있겠는가? 욕구가 있어야 충족이라는 게 있을 텐데 … 죽으면 소망이 있을까? 배고플 일도 없을 것이고 … 억대 연봉, 고급 아파트, 자동차, 건강하고 아름다운 배우자 등등. 신체 없는 자에게 이런 것들이 필요하겠는가? 필요도 없는 것들을 두고 누가 다툼을 벌이겠는가? 그러니 필요요구의 충족으로서의 행복이란 신체 떠난 영혼에게는 의미 없는 개념이다.

또 하나 영혼의 불사성의 요청에서 요청된 칸트의 '영혼'이 대체 어떤 성격의 것인지를 숙고해보면, 이에 관한 칸트의 사변이 그야말로 변증적, 즉 가상의 유혹에 넘어간 것이구나 하는 생각을 떨치기 어렵다.

칸트 자신이 『순수이성비판』의 오류추리론에서 재래 영혼론이 주장한 영혼의 실체성, 영혼의 동일성을 폐기했다. 그런데 칸트가 요청한 불사의 영혼은 실체성을 회복한다.

영혼의 실체성이나 동일성을 전제해야 '불사적'이니 '무한한 시간 길이'니 하는 수식어의 귀속처가 생긴다. 누가 무엇을 하려고 계속해서, 그것도 무한히 애써 노력한다고 말하려면 무한 시간 동안 그자가 동일한 자여야 한다. 이자가 한 것을 저자가 넘겨받아 하는 경우라면 어떤 개별 영혼을 위한 무한한 시간, 곧 불사성이 필요하지 않다. 게다가 신체와 결별한 마당에 영혼을 무슨 단위로 헤아릴 수 있을까? 영혼A는 자기가 한 덕행에 부합하는 행복을 누리고, 영혼B 또한 자기가 한 덕행에 부합하는 행복을 누리려면, 영혼A와 영혼B가 별개로 있어야 할 터인데, 이것이 대체 어떻게 헤아려지며, 신체를 가졌던 동안의 영혼과의 승계성은 어떻게 유지되는 것인가?

우리가 한 사람, 두 사람 헤아리는 것은 신체 단위로 하는 것이지, 영혼 단위로 하는 것이 아니다. 우리가 사람을 세어서 지금 이 방에 100명이 있다면, 그것은 영혼으로 그 숫자를 헤아린 것이 아니라 신체로 센 것이다. 몸으로 사람을 세는 방식은 인간을 신체적 존재로 보는 근대 문명에 접어들면서 확연해졌다. 민주주의 사회에서 보통선거는 1인 1표제가 전형인데, 여기서 도 '1인'은 신체 단위로 하는 말이다. 영혼 단위가 아니다. 우리 모두는 영혼이 하나일 수도 있다. 하지만 내 한 몸에 영혼이 다 섯일 수도 있다. 대체 내가 사안마다, 배우자를 찾는 선을 볼 때 마다 얼마나 많은 갈등을 하는가? 두 영혼이, 세 영혼이 엉겨서 싸운다. 착한 영혼과 나쁜 영혼. 왼편으로 기운 영혼과 오른편 으로 기운 영혼. 이럴 수도 있기 때문에 영혼의 수효는 사람의 인식능력으로는 알 수가 없다. 이미 칸트의 『순수이성비판』이 밝혀낸 바이다.

인간이 신체적 존재라서 안고 있는 문제는 부지기수이다. 인 간이 구속받는 것은 영혼이 구속받는 것이 아니다. 신체가 구속 받는 것이다. 영혼을 감옥에 넣을 수 있겠는가? 몸을 감옥에 넣 는 것일 터이다. 인신구속법은 근대에 와서 인간을 신체로 보 면서 처음 생겼다. 이처럼 욕구나 행복은 전부 신체 단위의 인 간을 이야기하는 것이다. 그런데 칸트의 최고선 논변에 오면 이 부분이 흐려진다. 만일 인간에게 사후의 세계가 있다면 그자가 그자인지, 동일성이 있는지, 그다음에 욕구충족을 어떻게 시킨 다는 것인지, 이런 부분이 칸트의 이론체계에서도 유지되기 어 렵다. '변증학'은 가상논리학이니까, '최고선'도 어불성설로 치 부했으면 되었을 것인데, 그로부터 무엇인가 의미 있는 이야기 를 끄집어내려 시도한 것이 논란을 키우고 있다. 그러나 이것은

『실천이성비판』의 영역에서 그렇다는 것이고, 희망의 세계인 종교로 문제를 넘기면 또 새로운 시선으로 이 개념을 볼 수 있게 될 것이다.

＊

[질의응답 1]

질문 칸트의 '최고선' 개념이 『실천이성비판』체계 내에서는 자리를 얻기 어려운 개념이라고 했는데, 어떻게 해서 이 개념이 등장한 것으로 보는가?

답변 이러한 문제는 칸트가 행복을 함유할 수도 있는 '좋음' 일반과 이를 배제하는 '윤리적 좋음'을 일껏 구별해놓고서, '최고로 좋음' 곧 '최고선'을 논하는 자리에서는 '윤리적으로 최고로 좋음'이 아니라, 행복을 중요한 요소로 갖는 '최고로 좋음'의 개념을 내놓음으로써 생긴 것으로 본다. 더구나 칸트는 '선'이나 '행복'을 개개인의 행위와 마음의 상태의 술어(述語)로만 보고 있는데, 이러한 관점이 문제성을 가중시킨 것으로 본다.

사실 칸트가 인식론에서 '자인(sein)'의 두 계기 '이다[하다]'와 '있다'를 구별해낸 것만큼이나 그가 윤리론을 펴면서 '굿(gut)'의 두 계기 '감정에 대해 좋은'과 '이성의 개념에 의해 좋은'을 구별한 것은 중요한 의의를 갖는다. 그래서 그는 당초에, 윤리적 선은 후자의 의미 영역에 속하는 것이므로, 전자의 의미 영역에 물려 있는 행복은 윤리적 선의 요소가 될 수 없다고 본 것이다. 만약 행복이 '선'의 요소가 될 수 없다면, 당연히 '최고선'의 요소 또한 될 수 없다. 그런데 행복은 분명히 칸트의 '최고선'의 한 요소이다. 그러니까 칸트의 '최고선'은 순전한 윤리적 개념이라고 보기 어렵다.

칸트가 윤리론이란 행복론이 아니라고 역설한 그 취지에 따라, '최고선'을 가령 '덕의무의 완전한 수행 상태' 곧 '자기 자신에 대한 의무와 타인에 대한 의무를 완벽하게 다함'이라고 규정했더라면 오히려 그의 '도덕적 선' 개념은 일관성을 유지하고, 또한 그의 윤리론은 개인윤리론으로부터 사회윤리론으로 나아갈 수 있지 않았을까? 그러했더라면, 그의 '윤리 형이상학'의 지론대로 자기완성과 (그에 상응하는 자기행복이 아니라) 타인의 행복을 지향하는 덕행의 사회 윤리, 사랑과 존경의 인간관계론으로 발전해나갈 수 있지 않았을까? 물론 그것도 신의 조력을 필요로는 하겠지만 말이다.

그리고 윤리적 의무 수행과 상충되지 않는 한, 행복을 의욕하는 행위가 결코 비윤리적인 것은 아닌 만큼 자기행복이 동기이자 목적이 되는 행위의 의의는 '최고선'의 개념과는 별도로, 가령 '희망의 완성'의 장에 위치하면 안 될까? 칸트가 한편에서 우려하는 것처럼, 인간이 덕행에 상응하는 행복에 대한 희망을 갖지 못할 경우, 만약 윤리성의 이념들이 진정으로 "결의와 실행의 동기"가 되지 못한다면, 그것은 인간의 덕행은 적어도 간접적으로라도 행복에 기인한다는 것을 말하는 것이다. 그러나 그럴 경우 칸트의 '선의지' 개념은 기반을 상실하지 않을까? 그러하니, 덕행의 원동력으로서 선의지는 어떤 경우라도 도덕법칙에 대한 존경, 다시 말해 인간의 존엄성의 가치에 따른다고 하는 것으로 충분하지 않을까?

[질의응답 2]

질문 칸트 도덕철학 저술에 등장하는 개념 '도덕'과 '윤리' 사이에 의미상의 차이가 있는가?

답변 칸트에서 '도덕(Moral)', '道德(mores)', '윤리(Sitten)'는 기본적으로 동일한 것을 의미하며, 그에 상응해서 '도덕적(moralisch)', '道德的(moralis)', '윤리적(sittlich)'과 '도덕성(Moralität)', '道德性(moralitas)', '윤리성(Sittlichkeit)'도 의미상으로는 차이가 없어서 언제든 서로 바꿔 써도 상관이 없을 정도이다.

또한 '윤리법칙(Sittengesetz)'과 '도덕법칙(moralisches Gesetz)'도 문맥에 따라 번갈아 가며 쓰일 뿐 지칭의 차이는 없다. 또 'Moral'은 '도덕'뿐만 아니라 가끔은 '도덕학'의 의미로도 쓰이며, 빈번하게는 '도덕철학(Moralphilosophie: philosophia moralis)'이라는 표현이 쓰인다. 관련하여 '윤리철학'이라는 말은 드물게만 쓰이는데 '윤리학(Ethik: ethica)'이라는 용어는 자주 쓰인다. 반면에 '도덕 형이상학'이라는 말은 쓰이지 않고, '윤리 형이상학(Metaphysik der Sitten)'이라는 표현만 쓰인다.

또 하나 흥미로운 것은 통상 '윤리학'의 의미로 사용되는 'Ethik'의 형용사 'ethisch'는 '윤리학적'이라는 의미보다도, '윤리적 공동체(ein ethisches gemeines Wesen)', '윤리적-시민사회(ethisch-bürgerliche Gesellchaft)', '윤리적 국가(ethischer Staat)'의 예에서 보듯 오히려 '윤리적'의 의미로 쓰인다. 그것은 '감성학'이 아니라 '미학'이라는 의미로 사용될 때의 'Ästhetik'의 형용사 'ästhetisch'가 많은 경우 '미학적'이라기보다는 '미적' 또는 '미감적'이라는 의미로 새겨야 하는 것에 비견될 수 있다.

'Moral'의 라틴어 어원 'mos(mores)'와 'Ethik'의 그리스어 어원 'ethos', 그리고 이에 상응하는 독일어 고유 낱말 'Sitte(n)'가 모두 본디 '풍속', '습속', '관습' 정도를 의미한다는 사실을 감안하면, 'Moralität'와 'Sittlichkeit'는 처음부터 상호 교환 가능한 말이라 할 것이다. 또한 칸트는 앞서 예시한 '윤리적 공동체(ein ethisches gemeines Wesen)' 등에서 보듯 ethisch를 sittlich와 같은 의미로 사용하기도 한다. 이것은 ethisch, moralisch, sittlich가 각각 그리스어, 라틴어, 독일어 낱말을 모어로 하지만, 어원상으로는 다 같이 '풍속/관습'이라는 유사한 의미를 지닌 까닭으로 생긴 자연스러운 용법이라 하겠다.

자연언어 낱말은 개념 형성에서부터 그 활용까지 낱말 사용의 관습이 크게 영향을 미치기 때문에, 문헌 탄생 시의 어휘 사용의 관례와 이 용어가 후계 사상들에게 어떻게 접수 전개되는지도 유의하면서 그 뜻을 새겨야 한다. Moralität와 Sittlichkeit

가 칸트에서는 큰 차이 없이 사용되지만 헤겔에서는 구별해서 사용되고 있다. 헤겔은 정신이 추상법(abstraktes Recht) → 도덕(Moralität) → 윤리(Sittlichkeit)의 방식으로 전개된다고 보므로, '윤리'는 외면[객관]적 정신인 추상법과 내면[주관]적 정신인 도덕의 변증법적 지양의 귀결이다. 그래서 헤겔이 말하는 '도덕'은 칸트의 '도덕'과 흡사하나, '윤리'는 많이 다르다. 헤겔의 '윤리'는 가족, 시민사회, 국가를 형성하는 것이므로, 칸트의 관점에서 보면 '사회윤리'라 하겠다.

이런 철학사적 맥락에다가 칸트와 헤겔 저작의 영어 번역서의 혼란이 겹쳐 있어서인지 한국어 번역도 갖가지로 있다.

독일어에는 Moral(moralisch, Moralität), Sitten(sittlich, Sittlichkeit), Ethik(ethisch)이라는 낱말이 있는데, 영어에는 독일어 Sitten(sittlich, Sittlichkeit)에 대응하는 낱말이 없다. 그래서 칸트의 저술 *Grundlegung zur Metaphysik der Sitten*[윤리형이상학 정초]과 *Die Metaphysik der Sitten*[윤리형이상학]이 영어로는 보통 각각 *Groundwork of the Metaphysics of Morals*와 *Metaphysics of Morals*로 옮겨지고 있다. (이 영어로 번역된 칸트 책의 제목을 다시 한국어로 옮기면, 각각 '도덕형이상학 정초', '도덕형이상학'이 된다. 대만에서 통용되는 번역어는 최초의 칸트 번역이 영어 번역서를 대본으로 해서 이루어진 것이니 그렇겠거니 하더라도, 한국에서도 이 번역어가 여전히 많이 사용되고 있는 것은 의아한 일이다.) 그런데 헤겔에서는 Moral(moralisch, Moralität)과 Sitten(sittlich,

Sittlichkeit)을 무차별적으로 옮겨서는 결코 안 되기 때문에, Moralität는 Morality로 직역을 하고, Sittlichkeit를 어떤 이는 'the ethical oder'라고, 어떤 이는 'ethical life'라고 옮긴다. 그러니까 영어 번역에서 칸트의 경우는 Sitten이 Moral처럼 취급되고, 헤겔의 경우에는 sittlich가 ethisch처럼 취급되고 있다고 하겠다. 영어에는 Sitten(sittlich, Sittlichkeit)에 해당하는 어휘가 없으니 불가피하기도 할 것이다.

그런데 영어와는 달리, 한국어에는 독일어 Moral(moralisch, Moralität), Sitten(sittlich, Sittlichkeit), Ethik(ethisch)에 적절하게 대응하는 낱말 '도덕(도덕적, 도덕성), 윤리(윤리적, 윤리성[윤리]), 윤리학(윤리학적[윤리적])'이 있으므로, 영어 번역어와는 상관없이 이 세 낱말을 잘 구별해서 번역하는 것이 합당하겠다. 다만 한국의 헤겔학계에서는 이미 오래전부터 Moralität은 '도덕(성)'으로, Sittlichkeit는 '인륜(성)'으로 번역해오고 있어서 약간의 혼란이 있을 수도 있다.

같은 한자 문화권인 중국과 일본의 사례를 살펴보면, 중국의 칸트학계는 대개 Moral과 Sitten을 뒤섞어 '도덕(道德)'으로 하고 있는 편이고, 일본 칸트학계는 아주 예전에는 그랬지만 이미 상당히 오래전부터는 양자를 구별하여 Moral은 '도덕(道德)'으로 Sitten은 '인륜(人倫)'으로 번역하고 있다. 일본 헤겔학계도 Moralität를 '도덕(道德)'으로 옮기는 데는 거의 합치하고 있으나, Sittlichkeit는 '인륜[성](人倫[性])' 외에 '윤리(倫理)'라고도 심지어는 '공동체정신(共同體精神)'이라고도 번역하는 이들이 있어 합치된 상태가 아니다. 그러나 여하튼 Moral(moralisch, Moralität)과 Sitten(sittlich, Sittlichkeit)을 구별하여 옮기는 데는 일치하고 있다.

이런저런 국내외 번역어 상황을 고려해볼 때, Moral을 '도덕'으로 옮기는 것은 이미 관행이 되었다 하겠고, 문제는 Sitten(Sittlichkeit)의 번역어로 '윤리(倫理)'와 '인륜(人倫)' 중 어느 것을 선택하는가인데, 나는 '윤리(倫理)'로 하는 편이 한국어 사용법에 더 적합하다고 생각한다.

한국어 '인륜(人倫)'은 보통 인간적으로 밀접한 사람들 — 부모·형제·부부·사제·군신 등 — 사이의 윤리를 지칭한다. 근친 사이의 윤리의 지칭으로는 '천륜(天倫)'도 있다. 그러나 '윤리'는 '인륜'과 '천륜'을 포함할 뿐만 아니라, 훨씬 더 넓은 외연을 가져 개인윤리, 사회윤리 일반을 지칭한다. 그래서 Sitten(Sittlichkeit)을 '윤리(倫理)'로 옮기면 칸트와 헤겔에게 고루 사용할 수 있다.

한국어 '윤리(倫理)'는 본래 한문의 어원상 '동류(同類)의 사물적(事物的) 조리(條理)'(『禮記』, 曲禮: 擬人必于其倫; 『漢書』, 甘延壽傳: 絶於等倫 참조)를 뜻했지만, 그 '동류의 사물'이 '인간' 또는 '인류'로 국한되어 쓰이게 되면서 '윤리'는 '천지만물의 이치[道]에 따라 실천할 힘[德]' 바꿔 말해 '사람이 사람과 더불어 마땅히 행하여야 할 도리'라는 뜻의 '도덕(道德)'과 동일한 의미로 사용하는 것이 일반적이 되었다. 그러나 특별한 목적이 있을 경우, 특히 철학자가, 두 용어를 구별하여 쓰는 것 또한 허용될 것이다. 그렇다 해서 '윤리'에 해당하는 말을 '인륜'이라고 좁혀서 사용하는 것은 그 외연이 서로 맞지 않다. '인륜지대사(人倫之大事)', '인륜을 저버렸다'는 표현에서 보듯, '인륜'은 보통은 일반적 시민 관계가 아니라 특수하게 밀접한, 가령 혈연적인 사람들 사이의 관계에 대해서 제한적으로 쓰는 말이다. 한국어에서의 이러한 어휘 사용법을 고려하면 헤겔에서 Sittlichkeit는 '인륜'이라기보다는 '윤리'라 하는 편이 한국어 어감에 더 맞다고 본다.

3강

『판단력비판』
나는 무엇에서 흡족함을 느낄 수밖에 없는가?
또는 나는 무엇을 희망해도 좋은가?

임마누엘 칸트 대학 정원에 있는 칸트 동상

칸트의 서명

이론과 실제

———

어제 오후 늦게 내가 거주하는 아파트 단지를 누가 "칼 갈아요!" 하고 외치면서 지나가는 소리를 듣고 문득 옛 생각이 났다. 예전에는 동네마다, 특히 명절 직전에는 칼 가는 사람들이 찾아왔다. 그때는 칼갈이 하는 사람이 마을마다 돌아다녀서, 온 동네 집마다 그 사람이 오면 불러서 칼을 갈았다. 요즘에는 어떨까? 아파트 단지에 사는 사람들도 사람을 불러 칼을 가는 경우가 있을까? 없다면 칼을 가는 이는 이 시대에 어떻게 밥을 먹고 살고 있을까? 문득 이런 궁금증으로 남 걱정을 하다가 갑자기 내 걱정이 들었다. 철학의 역사는 칼의 역사와 같다. 칼을 갈기 시작한 때와 비슷한 시기에 철학이 시작됐다. 철기시대가 도래했을 때 철학이라는 학문이 시작이 되었다는 말이다. 이렇게 따지면 철학의 역사도 2,000년이 넘는 시간 위에 놓여 있다. 그래서 아직도 내가 이것으로 밥 먹고 살 수 있을까 하는 걱정이 들었던 것이다. 칼 가는 사람 걱정하다가 갑자기 내 걱정을 하게 되니 또 곰곰이 생각을 해보게 된다. 그 사람이 계속 칼을 갈려면 (고객을) 설득을 해야 할 것 아니겠는가? 이를테면 칼을 가는 게 여전히 의미가 있다든지 하면서 말이다. 마찬가지로 200년이 지난 칸트도 여전히 의미가 있음을 밝히면 나와 같은 길을 걷는 사람들이 계속 밥을 먹을 수 있지 않을까? 문득 이런 생각을 해보게 된다.

나는 지금까지 근 50년 칸트를 공부해왔다. 가장 최근에는 칸트의 『교육학』을 공부했다. 교육학은 칸트가 시작한 게 아니다. 그 이전의 루소라든지 로크라든지 에라스무스(D. Erasmus, 1466~1536) 등의 르네상스 이후 근대 교육론의 연장선상에 칸트의 교육학이 놓여 있다. 그러니까 칸트의 교육학을 공부하려면 이것을 모두 관련지어서 접근할 필요가 있다. 나 또한 그렇게 접근했다. 그래서 이것을 다 정리해놓고 보니 아동교육이고 유아교육이고 간에 교육에 대해 괄목할 만한 업적을 남긴 사람들 모두가 애를 키워본 적이 없는 사람들인 것이다. 에라스무스는 신부였고, 로크도 결혼한 적이 없으니까 자식이 없고, 루소는 제 자식조차 고아원에 보낸 사람이다. 로크는 가정교사 생활이나마 한동안 했지만, 루소는 그것마저 6개월 하고서는 선생 체질이 아니라고 내팽개쳐 버리기도 했다. 칸트도 독신이었다. 그런 사람들이 무슨 교육이 이러쿵저러쿵, 애를 키울 때는 이렇

칸트의 『교육학』 원서 표지

게 해야 한다는 등의 가르침을 근사하게 펼쳐놓았다. 그래서 이
게 될 법이나 한 일이냐 하는 생각이 들었다. 그런데 다시 생각
해보니까 꼭 그럴 것도 아니란 생각이 든다. 예를 들어서 공자
나 맹자 같은 사람들도, 왕이 될 기미도 없는 사람들이었는데,
왕도가 이러저러하다고 설파했다. 왕도에 대해서, 마치 평생 왕
을 한 사람처럼, 이런 게 제대로 된 왕이라고 쭉 설명을 하고 있
다. 신부님이나 스님들 또한 그렇다. 결혼도 안 해 본 사람들이
주례 설 때 보면 결혼생활에 대해 금과옥조 같은 말씀을 하신
다. 그런데 그 말씀이 실은 결혼생활 75년 한 사람이 말하는 것
보다 더 의미 있는 말씀이다. 사람이 살다 보면 이론과 실제가
다른 경우가 많다. 꽤나 성공을 거둔 사람은 이론화할 때 자기
를 정당화하거나 변명하는 경우가 많다. 각자의 개별 사례는 인

생사의 특수한 예인데 자칫 잘못하면 그것을 일반화시킬 수 있다. 이렇게 하면 성공하니까 모든 사람이 다 성공할 수 있는 것처럼 이야기한다든지, 혹시 자기가 하다가 실수한 부분이 있으면 그것을 변명하느라 불필요한 내용을 잔뜩 늘어놓을 수도 있다. 그래서 어떻게 보면 오히려 한 걸음 떨어져 있는 사람이 사안이나 사태를 더 잘 볼 수도 있다.

흙수저 칸트, 고상함을 말하다

이제 주제로 다룰 『판단력비판』을 둘러싼 사정도 이와 비슷하다. 전반부가 예술에 관한 이론인데, 칸트는 예술에 관해 배움도 경험도 없는 사람이었다. 칸트는 가난뱅이에다 전형적인 흙수저였다. 촌구석에 태어나서 집안도 미천했다. 그러니까 당연히 예술적인 향취를 느껴본 적이 거의 없다. 파리나 로마는 아니어도 하다못해 베를린이나 함부르크쯤에라도 살았으면 좀 근사한 건물을 본다든지 그림을 본다든지 했을 것이다. 라이프치히에서 태어났다면 바흐의 음악이라도 한번 들었을 텐데, 그는 제대로 된 음악을 들어본 적도, 제대로 된 그림을 본 적도 없었다. 그가 한 예술적 경험이라고는 쾨니히스베르크 지역 귀족 집의 정원이 고작이다. 그래서 칸트는 자연에 대한 이야기를 많이 한다. 예술 분야에 대해서는 정원에 대한 이야기를 주로 한다. 그리고 기껏해야 알고 있는 것이 로마 시가(詩歌) 정도였다. 소학교 다닐 때 소년들은 누구나 라틴어 시가를 외우니까 칸트도 라틴어 시가는 줄줄 외웠다. 어떻게 보면 예술작품 같은 작품을 본 일도 없고 들어본 일도 없는 사람이 예술의 어떤 정수를 이야기하는 것이라고 할 수 있다. 그래서 많은 것을 봐도 전혀 못 보는 사람이 있고, 본 것이 없어도 다 보는 사람이 있다는 말이 생겨난 것 같다. 그것이 역량일 것이다.

전형적인 흙수저, 평소에는 예술의 흥취를 접할 기회가 전혀 없었던 사람이 어떻게 그것을 형상화해서 일반적인 언설을 펼 수 있을까? 칸트를 보면 나는 왜 시골에서 태어나 이런 부모 밑에서 자라나서 이 꼴인가 하고 투덜댈 수가 없다. 칸트야말로 정말 별 볼 일 없는 집에 태어나서, 부모가 해준 거라고는 일곱 살 때까지 밥 먹여준 것밖에 없었다. 그다음부터는 성실성으로 그만의 삶의 가치를 만들어냈다. 칸트에게 뛰어난 재능이 있었던 것도 아니다. ― 학생 시절의 칸트가 탁월했다는 증언은 없다. 호기심이 좀 많고 성실했다는 증언이 좀 있을 뿐이다. ― 오로지 성실성만이 그의 기반이었다. 돌봐주는 사람도 없었으니 교수 자리조차 마흔다섯 살이 넘어서야 겨우 이를 수 있었다. 그때는 평균 수명이 40대 수준이었을 것이고, 보통 건강한 사람이 60세 정도 살았을 것이니, 만약 그가 여느 사람처럼 살았다면 교수도 못해보고 죽었을 것이다. 스스로 섭생을 잘해서 오래 살아남았기 때문에 늦게라도 교수가 될 기회를 얻은 것이다. 이 또한 칸트가 주는 교훈이라 할 수 있다. 그러니까 어떻게 보면 칸트는 자신의 삶을 통해 보통 사람들도 주어진 환경을 탓하지 않고 성실히 살면 길이 열린다는 것을 보여준다.

칸트에게는 재능이 중요한 변수가 아니었다. 사실 타고난 재능은 사람들 간에 별 차이가 없다. 재능은 타고나는 것이니 곧 운(運)이라고 할 수 있다. 어떤 부모를 만나느냐, 어떤 친구를 만나느냐도 중요하지만 재능은 자기 노력에 의해서 가질 수 있는 것이 아니다. 그래서 많은 사람들이 운 중에서도 재능을 제일 큰 행운이라고 보는 것이다. 하지만 내가 보기에는 그 재능이 대체로 사람마다 비슷한 것 같다. 어쩌면 대부분의 사람들은 자기 재능을 미처 알지 못하고 낭비하는 경우가 많을 것이다. 달리기에 재능이 있는 자가 계속 수학만 공부하고 있을 수도 있다. 자기 재능을 몰라보고 다른 분야에서 없는 재능을 자꾸 찾으려고 하는 사람이 우리 주변에도 얼마나 많은가. 그래서 나는 이렇게 이야기한다. "서른 살까지만 재능을 찾고 그다음부터는 이미 발견된 재능 중에서 제일 좋은 것에 매진하라. 더 이상은 재능을 찾으려 들지 마라. 이것저것 기웃거리지 말고 그때까지 자기 눈에 띈 것 중에서 어느 하나에 집중해라." 이것이 내가 오랫동안 교수생활을 하면서 주변 사람들(학생들)에게 늘 해준 말이다. 나 역시 젊었을 적에는 잘 몰랐다.

한 가지를 아주 잘하는 것이 중요하다. 올림픽에서 왜 다른 색깔의 메달을 여러 개 따는 것보다 금메달 하나 따는 것을 더 높이 치는가? 좋은 삶을 위해서는 전과목 80점보다는 한 과목 100점에 나머지 과목 20점이 훨씬 나을 수 있다. 현실에서는 이것이 훨씬 나을 수 있다. 왜냐하면 그 역량으로 사회의 일원으로서 무엇인가 기여를 할 수 있어서이다. 누구나 삶의 재료들을 모두 스스로 조달할 수는 없다. 많은 것들을 주변에서 얻고 어떤 것 하나로 그 대가를 치루는 것인데 만일 나 자신은 변변히 내놓을 재료가 없으면 어떻게 할 것인가? 늘 빚만 지고 사는 인생이 된다. 칸트는 자기가 가진 역량을 다 쏟아부었다. 자기 인생도 건강도 모두 쏟았다. 이를 보여주는 칸트에 대한 유명한 표현이 앞서도 한 번 말한 바처럼, "그는 늘 아플락 말락 했지만 한 번도 아픈 적이 없다."는 것이다. 칸트는 몸이 쇠약해 늘 골골했지만 섭생에 신경써서 실제로 아프지는 않았다. 죽기 2년 전까지 그런대로 건강을 유지했다. 이것은 곧 칸트가 자기에게 무슨 문제가 있는지를 알아서 끊임없이 경계하며 살았다는 말이다.

『판단력비판』 서론

이제 『판단력비판』의 서론을 살펴보자.

『판단력비판』의 과제는 크게 둘로 나눠볼 수 있다. 하나는 "판단력이 선험적 원리를 갖는가?"이고, 다른 하나는 "판단력이 쾌·불쾌의 감정, 곧 취미의 선험적 규칙을 세우는가?"이다. 이 물음의 함축을 들추기 전에 '판단력'이 무엇을 지칭하는지부터 살펴보자.

칸트는 『판단력비판』이라는 책을 쓰기 전에는 '판단력'을 한 가지 의미로 썼다. 『순수이성비판』에 등장하는 판단력이 바로 그것인데, 그것은 일반적으로 사람들이 말하는 판단력이기도 하다. 흔히 "그 사람은 판단력이 뛰어나다."라는 말을 쓴다. 판단력이 뛰어난 사람이 제일 잘할 수 있는 직업은 판사다. 판사가 하는 일은 판단력이 뛰어나야 할 수 있는 일이다. 판사에게 가장 필요한 능력이 판단력이라면, 그 판단력은 무엇일까? 어떤 보편적인 원칙이 있으면 구체적인 사례들 중에 특정의 사례가 이 보편적인 원칙의 어디에 해당하는가(부합하는가)를 알아내야 하는데, 이런 일을 하는 것이 판단력이다. 이를테면 어떤 소송이 판사 자신에게 맡겨지면 그것이 형법 몇 조에 해당되는지, 민법 몇 조에 해당하는지를 알아내야 한다. 그러니까 판단력이란 보편적인 원리에 구체적인 사례를 포섭시키는 능력이라고 할 수 있다. 이것이 일반적으로 말하는 판단력의 의미이다. 칸트도 판단력이란 말을 이런 의미로 줄곧 사용했다. 그런데 『판단력비판』을 집필하면서부터 새로운 종류의 판단력, 또는 판단력의 새로운 개념에 생각이 미치게 되었다. 그래서 판단력 앞에 수식어를 붙여 판단력을 구분해보았다. 그래서 『순수이성비판』

『판단력비판』 원서 표지

에서 그저 판단력이라고 지칭하던 것은 '규정적 판단력'이라는 명칭을 얻었다. 그러니까 유능한 판사의 요건은 규정적 판단력을 갖추는 일이다. 이와 달리 『판단력비판』에서 다루게 될 판단력은 '반성적 판단력'이라고 일컫는다. 그러니까 혼란을 피하려면 '판단력 비판'은 '반성적 판단력 비판'이라고 읽는 것이 좋다. '규정적 판단력 비판'은 이미 『순수이성비판』에서 '판단력의 초월적 교설'(KrV, A137=B176)이라는 제목으로 수행했다.

'판단력'이 선험적 원리를 갖는가

칸트는 반성적 판단력의 선험적 원리를 합목적성이라고 생각했다. 합목적성이란 어떤 사물을 볼 때 그 사물은 어떤 목적을 위해 있다고 내가 생각하는 성격이다. 예를 들어 내가 건강하게 살아야겠다면서 아침운동을 열심히 하면 내 행동은 합목적적이다. 반면에 내가 건강해야겠다는 목적을 가지고서도 담배를 피우면 그런 내 행동은 합목적적인 것이 아니다. 그것은 오히려 반목적적이다. 목적에 맞지 않은 것이다. 그러니까 어떤 사물을 볼 때 이 사물이 어떤 목적에 부합하게 있는 상태이면 합목적이라고 한다. 이러한 합목적성을 칸트는 "한 사물이 오로지 목적들에 따라서만 가능한 사물들의 그런 성질과 합치함"(KU, BXXVIII=V180)이라고 정의한다. 그리고 칸트는 이런 의미의 합목적성을 반성적 판단력의 선험적 원리라고 생각한다.

우리가 사용하고 있는 대부분의 개념은 경험개념이다. 경험개념은 대개 대상을 지시한다. 사과, 배, 책상, 의자, 구름, 별, 이런 것들이 모두 경험개념이다. 어떠어떠한 경험의 소재를 바탕으로 하고 있다. 개념은 그 안에 여러 가지를 포함한다. 예를 들어, '사과'라고 하면 그 안에는 내가 어제 본 사과도 있고 오늘 보는 사과도 있다. 또 사과에는 홍옥도 있고 부사도 있다. 이처럼 서로 다른 것들을 모두 사과라는 개념 속에 포함시키는 것이다. '사람'이라고 할 때에는 한국 사람도 포함되고 독일 사람도 포함된다. 철수도 포함되고 영희도 포함된다. 이처럼 개념이라는 것은 자기 안에 서로 다른 많은 것들을 포함하고 있는 표상이다. 그런데 경험개념은 내가 경험을 한 자료를 토대로 만들어진다. 그때 그렇게 개념을 산출하는 데는 반성이라고 하는 작용이 수반한다.

여기서 '반성'이란 이런 것이다. 예를 들어 내가 길을 가다 바닥에 떨어져 있는 것들을 봤는데 자세히 보니까 서로 구별이 된다. 어떤 것은 이렇게 생겼고 어떤 것은 저렇게 생겼다. 그래서 "아 생김새로 한 번 분류를 해볼까?" 하고서 '이것들은 동전, 저 것들은 구슬'이라고 나눠 생각하는 것이 반성이다. 반성이란 이처럼 서로 다른 것들이 있을 때 그것을 어떤 공통점에서 볼까를 생각하는 것이다. 예를 들어 '같다, 다르다' 또는 칸트가 쓰는 '형식과 질료', '안과 밖' 이런 것들이 반성적 개념이다.

그런데 개념들 중에는 경험개념과는 다른 지성개념들도 있다. 지성개념이란 순전히 지성이 만들어내는 개념이다. 지성개념 중에서 대표적인 것이 칸트가 말하는 순수 지성개념, 즉 범주이다. 이런 것은 기능개념이라고 할 수 있다. 가령 '~은/이 ~이다/하다'라고 언표할 때 '은/이'이나 '이다/하다'도 개념이다. "코끼리는 동물이다."라고 할 때 여기에서 코끼리나 동물은 경험개념이다. 그렇지만 '은'과 '이다'는 지시하는 사물/대상이 아무것도 없다. 경험에서 지시하는 것은 아무것도 없기는 하지만, 저러한 개념이 없으면 언표 자체가 이루어지지 않는다. 그래서 칸트는 이것을 기능개념이라고 했다. 기능개념이란 이를테면 함수(funtion)이다. 수학에서 $y=f(x)$라고 할 때, 여기서 'f'가 함수, 기능(funtion)이다. 따라서 언표에서 '은', '이다'는 함수라고 할 수 있다. 거기에 여러 가지 변수들이 들어가는 것이다. "장미꽃은 식물이다." "코끼리는 동물이다."처럼 '은', '이다', '는', '이다'라고 사용되는 것이 함수이다. 기능이라는 것은 곧 함수인데, 이것이 칸트가 말하는 범주의 기능이다.

이 밖에도 여러 가지 개념이 있다. 우선 이성개념이 있다. 신이나 인격, 존엄성이라는 이런 개념은 어떻게 생겨났을까? 바로 이성이 만들어낸 것이다. '합목적성'이라고 하는 것도 하나의 이성적 반성개념인데, 이것이 원리로 작동하는 판단력이 '반성적 판단력'이다.

예컨대, "착하게 살면 복 받는다."라고 판단할 때, 이 판단은 '착하게 산다'라는 사실이 하나 있고, 또 '복 받는다'는 사실이 있는데 이 두 가지를 연결시킴으로써 생긴 것이다. 무슨 근거로 연결시키겠는가? 착하게 살면 복 받는다는 말은 우리 입에 밴 말이다. 그 생각이 어디서 나왔을까? 그런 사실을 실제로 많이 봤는가? 전혀 그렇지 않다. 그것은 사실이 아니다. 그렇게 뻔히 사실이 아닌데도 사람들은 그것을 원한다. 영화를 보다가도 악한이 복을 누리면 관람자들이 분개를 한다. 선한 사람이 성공하면 영화를 보다가도 관객들이 박수를 친다. 저절로 그런 행동이 우러나오는 것이다. 그것은 현실이 아니고 영화 속에만 있는 것인데도. 사람들은 그런 일이 현실에서도 있기를 늘 소망한다. 그러한 소망을 일으키는 것이 '합목적성'이다. 우리가 앞에서 고찰한 바 있는 칸트의 '최고선' 개념도 실은 합목적성의 원리가 작용한 산물이라고 볼 수 있다. 사람들이 한 덕행에 상응하는 복, 행복이 따라오면 그것이 최고로 좋은 것이라는 의미의 '최고선'이 무엇이겠는가? "착하게 살면 복 받는다."라는 명제의 다른 표현 아니겠는가? 이것은 합목적성 원리에 따른 반성적 판단력의 활동에 의해서 얻어진 명제이다. 그래서 칸트는 반성적 판단력이 합목적성이라는 선험적 원리를 갖는다고 보았다. 저 '합목적성'은 감각경험의 누적으로부터는 얻을 수 없고, 오히려 자연세계를 이치에 맞게 판정하기 위해 반성적 판단력이 경험에 선행해서 가지고 들어가는 개념이기 때문이다.

그러나 이 '합목적성'이라는 개념은 지성의 범주나 이상의 자유처럼 객관을 규정하는 것이 아니라, 세계를 판정하는 주관 자신을 규제하는 원리이므로, 이를 칸트는 판단력의 "자기자율 (Heautomie)"(KU, BXXXVII=V185)이라고 일컫는다.

판단력이 쾌·불쾌의 감정,
곧 취미의 선험적 규칙을 세우는가

━━

더 나아가서 칸트는 판단력이 쾌·불쾌의 감정의 선험적 규칙을 세우는가를 묻는다. 쾌·불쾌의 감정을 칸트는 다른 말로 '취미(趣味)'라고 한다. 취미라고 하는 말은 독일말로 '게슈마크 (Geschmack)'인데 '맛'이라는 뜻이다. 한국어에서도 '취미(趣味)'

가 여러 뜻으로 쓰이지만 글자 그대로 보면, 미(味)는 '맛'을, 취(趣)는 '멋'을 뜻한다. 그러니까 취미는 곧 멋과 맛이다. 멋과 맛이 하나가 되는 것이다. 한국어 낱말처럼 멋과 맛이 하나가 되는 것이 독일어 '게슈마크(Geschmack)'의 의미이다. 멋과 맛이 하나가 되는 그런 능력이니, 이것을 심미(審美)의 능력이라고 할 수 있다. 이 점에서 취미란 심미(審美)의 능력, 다시 말해 '미적인 것을 판정하는 능력'이다. 그래서 취미라는 말은 칸트의 경우에 아름다운 것을 판정하는 능력이다. "이 사람 취미가 있네."라고 할 때의 취미가 있다는 말은 아름다운 것을 판정할 수 있는 능력이 있다는 말이다. "이 친구, 참 무취미하네."라는 말에서 무취미하다는 것은 아름다운 것을 감상할 줄 모름을 의미한다. 아름다움을 전혀 몰라보는 사람이 무취미한 사람이다. 요컨대 미적인 것을 판정하는 능력을 취미라고 한다.

다시 본래의 물음으로 돌아가 보자. 판단력이 이런 취미의 선험적인 규칙을 세우는가? 이런 물음 자체를 칸트가 제기하는 것은, 이미 미적인 것에 대한 보편적 판단들이 있다고 보았기 때문이다. 미적인 것에 대해서도 보편적 판단이 가능하다면, 그것은 곧 미적인 것에 대한 학문이 성립한다는 뜻이다. 앞에서도 언급했듯이 1787년 봄 『순수이성비판』의 개정판을 발간할 때까지는 아직 칸트는 이 취미 판단의 보편성에 대해서 회의적이었다. 그때는 미학이 이론적으로 가능하지 않다고 생각했다. 그런데 이제는 취미 판단의 보편성이 있다고 생각이 바뀐 것이다. 취미 판단들에 보편성이 있다는 것은 취미에 선험적 원리가 있다는 뜻이다. 칸트에서 보편성은 어디서나 선험적 원리에 의해서 확보가 되는 것이니 말이다. 선험적 원리가 있다고 생각을 했기 때문에 칸트는 이제 '음, 미학도 하나의 학문이 되는군.'이라고 생각을 했다. 그래서 이때 『판단력비판』은 이런 판정들에 있어서 판단력의 원리에 대한 비판적인 연구라고 말할 수 있다.

『판단력비판』의 두 부문

합목적성의 원리에 의한 판정들에서 작동하는 합목적성의 원리가 형식적이냐 실재적이냐에 따라 반성적 판단력을 다시금 두 가지로 구별해볼 수 있다. '형식적 합목적성(주관적 합목적성)'을 쾌 또는 불쾌의 감정에 의해서 판정하는 능력을 "미감적 판단력"이라고, '자연의 실재적 합목적성(객관적 합목적성)'을 지성과 이성에 의해서 판정하는 능력을 "목적론적 판단력"이라 일컫는다.(KU, BXLVIII이하=V192이하) 이에 따라 『판단력비판』은 두 부문으로 나뉘는데, 제1편이 '미감적 판단력 비판'이고, 제2편은 '목적론적 판단력 비판'이다.

미감적 판단력 비판의 주제가 미학의 판단들과 그 원리이다.

칸트에서 '미학(美學)'은 '미적인 것에 대한 학문'이라기보다는, '에스테틱(Ästhetik)' 곧 '감각/미감(aisthesis)에 대한 학문'이다. 감각에 대한 학문이라면, 『순수이성비판』의 요소론의 제1편에서 다룬 감성학이다. 그것 또한 '에스테틱(Ästhetik)'이다. 심지어 칸트는 이 '에스테틱(Ästhetik)'을 전개하는 『순수이성비판』의 자리에서, 당시에 바움가르텐이 '에스테틱(Ästhetik)'을 '미학'의 의미로 사용하자고 제안한 것에 대해서, 그것은 사태에 맞지 않으니 '에스테틱(Ästhetik)'은 예전부터 사용하던 대로, 다시 말하면 옛날 그리스 시대부터 '감성학'으로 사용했으니, 그대로 사용하는 것이 합당하다고 변론했다. 그런데 이제 칸트도 『판단력비판』의 출간과 함께 '에스테틱(Ästhetik)'을 인식을 위한 감각의 원리에 대한 학문의 의미로뿐만 아니라, 미적 판정을 위한 감각활동 곧 미감의 원리에 대한 학문의 의미로도 사용한다.

그래서 제3비판서 『판단력비판』의 등장과 함께 칸트철학 체계 내에는 두 종류의 판단력과 두 종류의 '에스테틱(Ästhetik)' 곧 감성학과 미(감)학이 생겼다.

(어떤 사람들은 지나간 사상가들의 문헌들을 검토하면서, 한 사상가의 저술들에 상충점이 발견되면 그것이 그 사상가의 자기충돌이나 그 사상가의 사상체계의 부정합성, 따라서 한계라고 평가하는데, 나는 정반대의 관점을 갖는다. 만약 어떤 사상가가 수십 년에 걸쳐 수십 권의 저작을 펴내면서 일관된 서술이나 주장을 편다면, 그는 엄밀히 말해 '사상

가'로 보기 어렵다. 대체 긴 삶에서 무엇을 사색하고 무엇을 새로이 깨쳤다는 말인가! 그는 어쩌면 기억 장치만 갖춘 기계일지도 모른다. 사상가는 무엇보다도 세월에서 많은 것을 깨우치고, 앞서 미처 보지 못했던 사태를 새롭게 보고, 앞서 말한 것을 뒤집어 말하고 하는 것이 정상이다. 역사적으로 탁월한 사상가로 평가받는 것은 일관성 있는 저술을 남겼다거나 자기 생각을 일목요연하게 서술해서가 아니라, 설령 남겨놓은 것이 조각글밖에 없고, 그나마 앞뒤 말이 서로 맞지 않다고 하더라도, 그 조각들이 세상사에 대한 남다른 통찰을 담고 있고, 인간의 존엄성을 고양하는 데 다른 어디서도 구할 수 없는 자양분을 제공하고 있을 경우이다.)

칸트의 '미학'

칸트가 이해한 '에스테틱(Ästhetik)'은 '미학'이라기보다는 '미감학(美感學)'이니, 그것은 미의 본질을 규명하는 학문이라기보다는 미의 발생을 규명하는 학문이다. 미 자체가 아니라 미의 원천에 대한 이론이다. 칸트의 '에스테틱(Ästhetik)'은 미란 무엇에서 비롯하느냐를 묻는다. 사실은 칸트 3비판서의 주제가 모두 그렇다. 칸트의 초월철학도 참인식의 본질을 묻는 것이 아니라, 참인식이 어떻게 가능한지를 해명한 결실이고, 칸트의 도덕철학도 선의 본질을 해명한 것이 아니라, 인간에게 선행이 어떻게 가능한지를 밝힌 것이기 때문에 실상에서는 자유이론인 것이다.

칸트의 비판철학의 탐구는 모두 그 진·선·미라는 가치의 원천, 이러한 가치의 가능 원리에 관한 것이다. 비판이란 이들 가치가 생겨난 원천과 그 원천이 뻗어나갈 수 있는 범위를 결정하는, 즉 한계를 규정하는 작업이다. 이 점에서는 3비판서가 다 똑같다. 제3비판서는 미의 본질이 아니라 미의 원천을 추궁하고, 제1비판서는 지식의 본질이 아니라 지식의 원천을 추적하며, 제2비판서는 덕행의 본질이 아니라 덕행의 원천을 해명하는 과제를 수행한다. 그래서 칸트의 철학적 물음은 늘 "어떻게 ~이 가능한가?"이다.

『판단력비판』에서 이러한 의미의 미감학을 잇는 제2편이 목적론이고, 그 제목이 '목적론적 판단력 비판'인 점을 감안하면, 제1편을 '미감학적 판단력 비판'이나 '미학적 판단력 비판'으로 하는 것이 서로 위상이 맞을 것 같기도 하다. 현재는 '미감적 판단력 비판'으로 옮겨놓았는데, 이것은 순전히 '에스테티슈(asthetisch)'가 함의하는 감각적 요소를 드러내 보이기 위한 것이다. 앞서도 예시한바, 윤리학을 뜻하는 '에틱(Ethik)'의 형용사 '에티슈(ethisch)'가 '윤리학적'보다도 더 흔히는 '윤리적'의 의미로 사용되는 것과 비슷하다 하겠다.

형식적 합목적성과 실재적 합목적성

———

앞에서도 말했듯이, 칸트가 직접 본 아름다운 것은 자연뿐이었다. 그가 본 땅도 항구 도시 쾨니히스베르크밖에 없다. 칸트의 『판단력비판』은 베를린의 출판사에서 나왔고, 『순수이성비판』과 『실천이성비판』은 그의 초기 수강생이었던 하르트크노흐(Hartknoch)가 운영하는 리가(Riga)의 출판사에서 나왔다. 지금은 리가가 쾨니히스베르크(칼리닌그라드)에서 비행기로 한 시간, 자동차로 가면 약 385Km 거리로 다섯 시간 반쯤 걸리지만, 그 당시에는 마차로 며칠 걸렸을 것이다. 이런 먼 거리임에도 철학사를 가르는 두 비판서가 리가에 사는 제자에 의해 세상에 출간되었다. 하르트크노흐는 리가의 유지였기 때문에, 함께 칸트를 수강했던 헤르더(J. G. Herder, 1744~1803)를 리가 중앙교회 목사로 초빙하였고, 그곳에서 5년간 목회 활동을 한 헤르더는 전 독일에 자자한 명성을 얻었다. 당시의 이러한 인적 유대 중에도 칸트의 교제 폭은 매우 좁았다. 칸트가 업무적인 관계를 떠나 만난 유명한 사람이라고 해봐야 모제스 멘델스존과 피히테, 헤르더 정도가 전부다. 모제스 멘델스존은 그가 칸트를 찾아와서 만났다. 피히테도 칸트에게 추천서를 좀 써달라고 그 먼 데를 찾아와서 만났다. 헤르더는 칸트에게 수학했으니까 아는 사이였다. 여행도 한 바가 없고, 사람들과의 교제도 폭이 좁았으니, 본 것도 들은 것도 그다지 많지 않았다. 리가에라도 한번 갔으면 제자 덕분에 좋은 교회 음악이라도 들어봤을 것인데 가지 않았다. 책도 냈고 제자도 있으니 한번 리가에 갈 법도 한데 말이다. 어떻게 보면 칸트는 참 답답한 사람이다. 대신 칸트는 왕성한 독서욕으로 많은 책을 읽었다. 여행은 가지 않았지만, 숱한 여행기를 읽어, 알프스 산맥 지형까지 잘 알고 있었다.

또 칸트는 자연에 둘러싸여 살았고, 자연의 풍광에 경탄하였다. 자연을 보는 두 가지 관점이 있다. "이 호수가 참 아름답다."라고 할 때처럼 나에게 '아름답다'는 감정을 유발하는 자연 경관이 있구나 하는 관점이 하나이고, 또 다른 하나는, 자연은 참 체계적이다, 이치에 맞다, 봄에는 꽃이 피고 여름에는 무성해지니 자연은 참 유기적이다, 참 합리적이다, 이런 판정을 내리는 관점이다. 이런 관점 중에서, '아름답다'는 느낌을 가져다주는 것이 미감적 판단력이다. 반면에 '자연은 참 체계적이다, 조화롭다, 이치에 맞다, 자연은 필요 없는 것을 만들지 않는다.'라고 느낄 수도 있다. 자연의 종(種)은 매우 다양하지만 유(類)는 단순화시킨다. 자연은 아주 잡다한데 분류를 해보면 매우 체계적이라는 것을 알게 된다. 그래서 참 신기하다는 감정을 갖게 된다. 자연에서 우리는 이렇게 두 가지 느낌을 받는다. 아름답다는 감정은 자연의 형식적 합목적성이, 자연의 체계성에 대한 감정은 실재적 합목적성이 근저에 있다. 앞의 판정은 미감적 판단력에 의한 것이고, 뒤의 판정은 목적론적 판단력에 의한 것이라고 칸트는 생각하지 않았을까? 이러한 두 가지의 판단력의 활동과 그 유효한 범위를 『판단력비판』의 제1편과 제2편은 나누어서 다루고 있다.

미적 쾌감, 상상력과 지성의 앙상블

━

미감적 판단력 또는 미학적 판단력의 원리는 '목적 없는 합목 적성'이다. '목적 없는 합목적성'이란 얼핏 형용 모순적인 개념이 다. 합목적성이란 목적에 부합함, 목적에 맞음을 의미하니까 당 연히 목적을 전제하는 것이 아니겠는가? 그런데 '목적이 없는 목 적에 부합함'이라니…. 목적도 없는데 목적에 부합하는 사태가 있을 수 있겠는가? 그런데 칸트는 그런 감정 원리가 인간에게 있 다는 것이다. 인간에게만 있는 미적 감정이 바로 그러한 감정 원 리의 표출이라는 것이다. 이러한 미적 감정은 일종의 쾌감이다.

쾌감은 두 종류가 있다. 하나는 감관적 감정으로 무더운 여름 날에 아이스크림 먹을 때의 쾌감 같은 것이다. 감각적 욕구가 있을 때 그것이 충족되면 사람은 쾌감을 느끼고, 충족되지 않으 면 불쾌감을 느낀다. 그러나 미적 감정은 또 다른 종류의 쾌감 이다. 이것은 특별한 쾌감이다. 이 미적 감정도 쾌감이기는 하 지만, 어떤 특정한 감관도 어떤 감각적 욕구의 충족도 있지 않 은 쾌감이다. 대체 이러한 미적 쾌감은 어디서 생기는가? 칸트 는 이러한 쾌감은 자유로운 상상력과 합법칙적인 지성이 합치하는 데서 나온다고 본다. 상상력과 지성의 합치에서 생긴다는 것이다. 지성이란 본래 법칙적인 것으로 법칙의 능력이다. 반면에 상상력은 자유분방한 것이다. 이 상반된 성격의 마음의 능력들이 화합하는 계기, 거기에서 미적 쾌감이 생긴다. 그러니까 거기에는 어떤 욕구가 있었던 것이 아니다. 욕구가 없었으니 무엇인가를 이루려는 목적이 있었던 것도 아니다. 그런데 마치 무슨 목적이 달성된 것처럼 흡족한 느낌, 그것이 미적 쾌감이라는 것이다. 그래서 이러한 흡족(Wohlgefallen)은 어떤 욕구의 충족인 만족(Zufriedenheit)과는 다른 쾌감이니, 이를테면 '목적 없는 합목적성' 원리의 작용이라 하겠다.

감각에 의한 것이지만, 인식판단과 취미판단은 전혀 다른 판단력의 소산이다. "이 장미꽃은 빨갛다."와 "이 장미꽃은 아름답다."라는 두 가지 판단을 놓고 생각해보자. "이 장미꽃은 빨갛다."는 하나의 인식판단이다. 빨간 것을 어떻게 알 수 있는가? 감각적인 재료를 눈으로 봐서 눈의 시각작용에 의해서 그 색이 빨갛다고 판단을 내리는 것이다. "이 장미꽃은 노랗다." "이 장미꽃은 하얗다."라는 판단들도 각각 감각작용이 제공하는 재료를 바탕으로 규정적 판단력이 내린 판단이다. 그러면 "이 장미꽃은 아름답다."라는 판단은 어떠한가? 이것 역시 감각작용이 있어야 얻을 수 있는 판단이다. 아무것도 보지 않았더라면 내릴 수 있는 판단이 아니니 말이다. 우리는 무엇인가를 눈으로 보고서 "이 장미꽃은 아름답다."고 판단한 것이다. 그런데 이것은 인지적 시각작용이 아니다. 아름다움은 이 장미의 성질이 아니다. 시각과정을 제아무리 정밀 조사해보아도 어디에도 아름다움이라는 시각자료는 찾을 수 없다. 우리는 무엇인가를 눈으로 보고서 색깔을 인지하고 모양을 인지한다. 그 인지에 의거해 대상에 대한 인식이 생긴다. 그런데 '아름답다'는 술어는 어떻게 생겨나는가?

여러 가지 자연 현상이 있는데 그 현상 어디에선가는, 우리 지성의 법칙에 딱 맞아떨어지는 무엇인가가 있다. 세상에는 숱한 풀들이 있는데, 어떤 풀은 매우 아름답고, 어떤 풀은 수수하다. 왜 어떤 꽃은 유난히 아름답게 보이고, 어떤 꽃은 그저 그렇게 보이는가? 어떤 산은 기막히게 아름답고, 어떤 산은 우악스럽게만 보인다. 내가 예전에 금강산을 가봤는데, 그때가 겨울이라서 잔뜩 쌓인 눈만 보고 왔다. 그런데 눈도 아름답게 느껴졌다. 아마도 선입견이 있어서 그렇게 느낀 것 같다. 이렇게 느낀 아름다움을 칸트는 부수미(附隨美)라 한다. 칸트는 이와는 달리 대상이 무엇이어야 하는가 하는 개념을 전제하지 않은 독자적으로 존립하는 미를 자유미(自由美)라고 부른다. 어떤 개념 아래 대상이 덧붙여지는 미는 부수미인데, 인간미라든지 지성미 같은 것이 그런 것으로, 칸트는 이런 것은 본질적인 의미에서는 미가 아니라고 본다. 그러니까 칸트의 미적 쾌감에서 주제가 되는 미는 자유미이다.

'미'라는 것은 개념적인 것이 아니다. 그냥 아름다움 자체이다. 그러니까 미적인 것에는 개념이 들어서면 안 된다. 그래서 본질적인 미는 자유미 곧 부유미(浮遊美)라 하는 것이다. 자연에는 자유미가 있다. 그런데 어떤 형상은 아름답다고 하고, 어떤 형태는 아름답지 않다고 한다. 왜 그럴까? 어떠한 시각 재료가 있으면 상상력은 그것들을 멋대로 조합한다. 그 조합이 어떤 규칙에 딱 맞는 계기가 있다. 그런 지점이나 각도가 있다. 그때 아름다운 것이 있다. 이 각도에서 보면 아름답고 다른 각도에서 보면 아름답지 않은 것이다. 특정 각도에서 본 재료들이 내 상상력에 의해서 조합이 되고 또 상상력이 자유롭게 활동하면서 그때의 형상을 포착하는 것이다. 예를 들어, 자연을 감상할 때는 자연의 아름다움을 느끼는데 그것을 아름다운 그림으로는 못 그리는 경우를 생각해보자. 느낀 풍광을 아름다운 그림으로 그리려면 그 상상력을 형상화할 수 있는 능력까지 있어야 한다. 많은 사람들이 상상은 하지만 그것을 그림으로 그릴 수 있는 사람은 소수이다. 특정한 사람만 그릴 수 있다. 상상력만 있다고 화가가 되는 것은 아니다.

독일어로 그림이 '빌드(Bild)'이다. 그런데 칸트가 '셰마(Schema)'라 부르는 것도 있는데, 나는 '셰마(Schema)'를 '도식(圖式)'으로, '빌드(Bild)'는 '도상(圖像)'이라고 번역하여 양자를 구별한다. 도식(Schema)은 여러 가지 그림(Bild)을 가능하게 하는 하나의 형식 같은 것이다. '아름다움'이라는 것은 하나인데, 그 아름다움의 그림은 여러 개가 있다. 그런데 지식이나 행위와는 달리 아름다움은 "이것만이 아름답다."고 하는 아름다움의 원형이 없다. 행실 바른 사람은 딱 정해져 있다. 수학시험 문제에도 정답이 있다. 어떻게 답해야 100점을 받는지가 정해져 있다. 그런데 그림은 이것만 100점짜리라고 정해져 있지 않다. 가지각색인 그림 100장이 모두 100점짜리일 수도 있고, 유사한 그림 100장이 모두 10점짜리일 수도 있다. 아름다움이라는 도식을 표현하는 그림들은 가지각색으로 서로 다르다. 또 다른 예로, 한때 중국에서는 양귀비가 미인의 한 전형이었다. 그런데 (지금의 기준으로 보면 양귀비는 조금) 크고 뚱뚱하다. 지금은 이런 모습을 미인이라고 하지 않는다. 이렇게 미의 표준은 일정하지가 않다. 그런데도 미감적 판정은 어디서나 가능하고, 또 내려진다. 상상력과 지성의 합치는 마음 능력이 있는 사람에게는 언제든 일어나기 때문이다.

취미판단, 상상력과 지성의 소산

미적 판단의 한 요인인 상상력은 감성의 한 능력이다. 칸트는 '상상력'을 여러 가지 뜻으로 사용하는데, 그것은 상상력이라는 이름을 가진 마음의 작용방식이 여러 가지이기 때문이다. 작용

방식별로 나누어보면 7~8가지는 꼽을 수 있지만, 어느 방식이든 상상력은 감성의 한 종류이다. 칸트에서 감성의 기관으로는 감각기관[감관]과 상상력이 있다. 감각기관은 눈앞에 있는 대상을 직관하는 능력이고, 상상력은 대상이 눈앞에 없음에도 그려내는 능력이다. 감관에는 다시금 외감(외적 감관)과 내감(내적 감관)이 있다. 오감은 모두 외감, 외적 감각기관이다. 반면에 칸트는 반성하는 능력을 내감(內感)이라고 칭한다. '내감'이란 좀 미묘한 용어인데, 감각주의자들이 자기들의 이론을 일관성 있게 서술하기 위해서 도입할 수밖에 없었던 술어(術語)이다. 무슨 말인가 하면, 로크 같은 경험주의자들은 모든 지식은 감각에서 출발한다고 했다. 그러면 반성적 지식은 어디서 발원하는가? 눈이 반성하나? 코가 반성하나? 혀가 반성하나? 지식의 모든 자료가 감각에서 유래한다고 했으니, 반성을 하는 감각을 하나 대야 할 것 아니겠는가? 그래서 그것을 '내감'이라고 이름 지었다. 마음이라고 해도 상관없고 상상력이라고 해도 상관이 없을 터인데, 근대 철학자들은 이를 '내감'이라고 불렀고, 칸트도 당대의 능력심리학 책에 있는 용어들을 함께 사용하고 있다.

지성이 판단할 거리를 제공하는 일차적인 기관이 감성이니, 상상력도 결국 지성이 판단할 수 있는 거리를 내놓는 작용을 하는 것이다. 그런 의미에서 상상력도 일종의 감성이다.

그런데 감성과 지성이 합일하는 데서 미적 판단이 나온다고 할 때, 감성과 지성은 바꿔 말하면 상상력과 이론이성이다. 칸트가『판단력비판』에서는 인식의 능력을 지성·판단력·이성, 이렇게 셋으로 구분하는데, 이를 제1비판서와 제2비판서에서의 용어에 대응시키면 이론이성·판단력·실천이성, 이렇게 셋이다.『판단력비판』에서는 용어 사용에 변화가 있으니 독서할 때 주의할 필요가 있다.

상위 영혼 능력들의 표(KU, 서론 IX: BLVIII=V198)

마음의 전체 능력	인식능력	선험적 원리	적용대상
인식능력	지성	합법칙성	자연
쾌·불쾌의 감정	판단력	합목적성	기예
욕구능력	이성	궁극목적	자유

상상력과 지성이 합일하는 데서 미적 판단, 미적 쾌감이 생긴다는 칸트의 설명을 들으면, 칸트가『순수이성비판』에서 도식을 설명할 때의 상황과 유사하다고 느낄 것이다. 도식은 순전히 지성에서 유래하는 개념(범주)이 감성적으로 주어지는 것에 사용될 수 있도록 하는 매체로서 상상력의 산물이다. 이 도식은 그러니까 한편으로는 지성의 감성화를, 다른 한편으로는 감성

의 지성화를 매개하는 역할을 한다.

순수 지성개념은, 그 출처가 지성인데, 다시 말해서 나 자신인데, 이것이 어떻게 해서 내가 만들어낸 것이 아닌 외적인 재료들로 건너가 그것들을 규정할 수 있는가? 이를 가능하게 하는 매체로 칸트는 도식을 끌어들인다. 도식이란 "초월적 시간 규정"(KrV, A139=B178)이다. 내가 "이 장미는 빨갛다."라고 판단할 수 있는 것은 이 장미가 시간상에 등장하기 때문이다. 만약 시간상에 등장하지 않으면 지성이 그런 판단을 내릴 수 없다. 지성의 규칙인 개념과 빨간 장미로 인식될 감각적 소여가 시간적으로 규정됨으로써 "이 장미는 빨갛다."는 인식판단이 생긴다. 여기서 지성의 개념과 감성의 소여를 결합하는 끈이 도식이라는 시간 규정인데, 이 도식을 만드는 능력이 상상력이다.

상상력은 지금·지금·지금 …이라는 잡다한 시간 표상을 하나의 연속체(quantum continuum)로 만들어 — '지금'은 순간이라, 다음의 '지금'에서는 이미 사라져버린다. '지금'은 이내 '방금'이 된다. 방금은 이미 사라져버린 것인데도, 여전히 머물러 있다. 지나가버린 것이지만 사라져버리지 않고 남아 있음으로써 시간이라는 연속체가 생긴다. 시간이 연속체이기 때문에, 그 위에 대상들이 '잇따라' 표상될 수 있다. 그렇지 않으면 만물은 오로지 '지금' 있을 것이다. 다시 말해 공간상에만 있을 것이다. 공간은 '지금'이라는 시간 표상이다. 모든 것이 지금 있다면, 서로 곁하여 있는 것일 터이다. — 그 위에 만물이 현상할 수 있도록 한다. 이러한 상상력의 시간 만들기 작용을 '형상적 종합'이라 한다. 형상적 종합이란 '지금'들인 시간 잡다를 종합하여 하나의 연속체로 형상화하는 상상력의 활동이다. 이미 지나가버린 과거와 아직 오지도 않은 미래를 지금의 연속체로 상상하는 것이다. 이렇게 해서 시간 지평이 열리고, 그 위에 사물들이 현상하니까 비로소 지성이 무엇인가를 인식하여 그것의 본질과 존재를 규정할 수 있는 것이다. 하이데거는 칸트 『순수이성비판』 강의 시간 중에, 자신이 칸트의 이러한 시간론을 접하고, 바울로의 눈에서 눈꺼풀이 떨어져 나갔듯이, 개명이 되었다고 술회한 바 있다. "아, 시간 지평 위에서 비로소 존재라는 것이 드러나는구나." 이 깨우침이 계기가 되어 『존재와 시간』을 쓰게 되었다는 것이다.

인식판단에서나 취미판단에서나 상상력의 활동은 필수적이다. 시간 지평을 열어 인식판단을 가능하게 하는 상상력의 형상화 작용이 이제 감각적 소여를 갖가지로 형상화하는데, 그중 어떤 것이 지성의 규칙에 부합하면, 미적 쾌감이 생긴다. 아니, 미적 쾌감이 생기지 않을 수 없다. 앞서 『판단력비판』을 이끄는 물음을 제1비판서나 제2비판서의 물음 형식으로 만들면 "나는 무엇에서 흡족함을 느낄 수밖에 없는가?"라 할 수 있다 했는데, 여기서 이 물음에 대한 답을 얻는다. 우리는 상상력의 형상과 지성의 규칙이 합치 조화하는 데서는 흡족함을 느끼지 않을 수 없다. 상상력과 지성의 앙상블에서는 미적 쾌감이 생기지 않을 수 없다. 그런데 지성의 규칙은 인간에게 보편적이고, 그렇기 때문에 취미판단이 보편적으로 타당한 것이다. 바로 이 지점에 학문으로서의 미학이 서 있다.

예술은 자연의 모방

상상력의 활동을 야기하는 것은 자연산물이다. 처음에는 자연의 산물을 보고 아름다움을 느낀다. 그래서 아름다움이라는 정서가 자연미에서 시작이 된다. 이 자연미를 모방해서 미를 창출하는 사람이 예술가이다. 그래서 예술미는 자연미의 모방이라고 한다. 예술미는 저절로 생긴 것이 아니라, 자연미를 접한 사람이 그 자연미를 불러일으키는 어떤 형상을 꾸며내 만든 것이다. 그러니까 예술미는 기예(Kunst)의 산물이다. 자연은 내가 꾸며낸 것이 아니다. 이미 있는 어떤 것이 소재가 되어 상상력에 의해 형상화되면 취미판단의 대상으로 바뀌는 것뿐이다. 반면에 예술미는 어떤 사람이 자의로 그것을 꾸며내는 것이다. 그래서 자연의 아름다움을 모방하면 그것이 예술미가 된다. 칸트는 예술미를 실제로 있지는 않지만 마치 그것이 자연인 양 꾸며내면, 그러니까 자연미인 것 같은 효과를 내면 그것이 예술미라고 생각했다. 유명한 말이 있다. "자연은 예술인 것처럼 보였을 때 가장 아름답고, 예술은 자연인 것처럼 보일 때 가장 아름답다."고. 칸트 그대로를 옮기면 이렇다. "자연은 그것이 동시에 예술인 것처럼 보였을 때 아름다운 것이었다. 그리고 예술은 우리가 그것이 예술임을 의식할 때도 우리에게 자연인 것처럼 보일 때에만 아름답다고 불릴 수 있는 것이다."(KU, B179=V306)

자동차를 타고 남한강과 북한강이 합류하는 양수리를 지나면서 보는 풍광은 정말 아름답다. "그림처럼 아름답다."는 말이 저절로 나온다. 사람들이 자연을 아름답다고 표현할 때 "그림처럼 아름답다."고 한다. 반대로 그림을 보면서 "이 그림 참 잘 그렸다."고 할 때 무어라 하는가? "와, 실물처럼 그렸네." "진짜 산처럼 그렸네." 이렇게 말한다. 우리는 이 둘 사이의 경계를 이처럼 왔다갔다 한다. 실제 감정이 그렇다. 그런데 미감은 자연미에서 시작된다는 것이 칸트의 생각이다. 이런 흡족과 경탄을 불러일으키는 쾌감이 바로 미적 감정이다. 칸트는 미감적 판단력 비판을 통해 이런 사태를 밝혀냈다.

칸트의 이상주의

자연의 합목적성
–에스키모가 북극 지역에 사는 까닭

『판단력비판』의 제2편 '목적론적 판단력 비판'은 자연의 잡다함 속에서 자연의 합목적성을 밝혀낸다. 인간의 판단력은 자연의 이치를 판정하고 합리화한다. 왜 에스키모는 그 추운 곳에서 살까? 전쟁이 싫어서 그곳으로 갔을 수도 있다. 우리 주변을 보면 산속 깊이 들어가 사는 사람도 있다. 그 사람은 심산유곡에 왜 들어가 살까? 세상이 시끄러워서 그런 세파에 끼지 않겠다며 깊숙한 곳으로 들어갔을 수 있다. 아무도 자기를 건드리지 않는 쪽으로 들어가는 것이다. 이처럼 이런 사람은 이런 이유로 또 저런 사람은 저런 이유로 세상 곳곳에 퍼져 살고 있다. (그렇게 해서 신 또는 자연은 온 지상에 사람들이 골고루 퍼져서 살도록 만들었다.) 사람들이 온통 서울에만 모여 살지 않도록, 이를테면 "나는 교통지옥에서는 못 살아." 하고서 떠나도록 만든다는 생각, 이런 식으로서 해서 전국 방방곡곡에 사람들이 고루 퍼지게 만든다는 생각이 자연이 합목적적으로 운행하고 있다는 생각이다.

정말 에스키모는 왜 그 추운 곳, 살기 힘든 곳에 정착했을까? 자연을 판정할 때 이런 물음을 던지고 이런 추정을 하면 자연의 잡다함 속에서 합목적성을 볼 수 있다. 칸트가 좋은 사례를 보여주고 있다. 그러나 이러한 자연의 '합목적성'이 자연에 실제로 내재하는지 여부를 우리로서는 알 길이 없다. 단지 우리의 반성적 판단력은 그러한 원리를 가지고서 자연을 판정한다. 그때 자연은 무질서가 아니라 하나의 체계를 가진 것으로 우리 앞에 놓인다. 그렇기에 칸트에서 자연의 합목적성 개념과 함께 체계로서의 자연 또한 판단력을 위한 이성의 주관적 원리이다.

"자연의 산물들에 있어서의 자연의 합목적성 개념은 자연에 관한 인간의 판단력에 대해서는 필연적인, 그러나 객관들 자체의 규정에는 관계하지 않는 개념일 것이고, 그러므로 판단력을 위한 이성의 주관적 원리일 것이다. (구성적인 것이 아니라) 규제적인 것으로서 이 원리는 우리 인간의 판단력에 대해서는 마치 그것이 객관적 원리인 것처럼 필연적으로 타당하다."(KU, B344=V404)

칸트가 '합목적성'을 개념적으로 정의할 때는 여전히 주관적 원리라고 하면서도, 목적론적 판단력 비판 곳곳에서 실제로는 이를 '객관적 실재적 원리'인 것처럼 사용한다. 이때 고전주의자 칸트는 차츰 낭만주의자로 기울고 있음을 읽을 수 있다. 그 사연을 함께 살펴보기로 하자.

판단력, 이론이성과 실천이성의 연결 다리
—벼랑 끝에 선 철학자, 칸트의 선택

『판단력비판』에 등장한 판단력, 곧 반성적 판단력이 앞서의 두 비판서에서의 주제인 이론이성과 실천이성의 연결자라고들 말한다. 무슨 뜻일까? 칸트 편에서는 그런 듯이 보여야 하고, 독자 편에서는 그렇게 읽어야 할 무슨 사정이 있나?

『판단력비판』은 칸트가 66세 때인 1790년에 나왔다. 한국의 교수라면 정년퇴직할 나이다. 나이도 그렇고, 시대의 사조도 바뀌고『판단력비판』과 함께 사실 칸트의 시대는 갔다. 그때에 이미 독일 이상주의, 독일 관념론의 파도가 독일 문화계에 밀려들기 시작했다. 그래서 이때부터는 오히려 칸트가 새로운 사조의 영향을 많이 받는다. 후에 독일 이상주의자들은 칸트의 3비판서 중『판단력비판』에 가장 큰 호감을 보였다. 왜냐하면『판단력비판』은 더 이상 칸트의 엄밀한 이성주의의 표상이 아니라, 낭만주의적 색채를 농후하게 지니고 있어서 공감이 많이 갔던 때문이다. 바꿔 말해『실천이성비판』까지의 칸트를 고전주의자라 한다면,『판단력비판』의 칸트는 낭만주의의 일원이라 할 수 있다. 그러니까 칸트는 고전주의의 절정이다. 음악계로 보면 베토벤(L. v. Beethoven, 1770~1827)과 같다고 할 수 있다. 베토벤도 고전주의의 절정에 있으면서 갈수록 낭만주의적이 된다. 절정에, 정상에 서 있다는 것은 어찌 보면 벼랑 끝에 서 있는 것이다. 앞으로 한 발짝 더 내딛으면 하강 길이다. 칸트도 한 발짝만 내딛으면 낭만주의로 내려가는 것이다. 낭만주의로 간다는 것은, 심하게 말하면, 거의 말도 안 되는 이야기를 하기 시작한다는 뜻이다. 고전주의는 말 되는 이야기만 한다. 어디까지나 말이 되는 범위 내에서만 말하자, 이것이 고전주의라면, 낭만주의는 세상일이 말로 다 되느냐, 진리를 어떻게 말로 다 표현하느냐 하면서, 말을 뛰어넘는 곳에 진실이 있다고 주장하며, 간혹 말이 안 되는 이야기도 한다. 칸트가 점점 이쪽을 바라보는 것이다. 실러(Schiller, 1759~1805) 등은 칸트 책들 중에서 『판단력비판』만을 책으로 쳤다. 1794년에 이르러서는 오히려 칸트가 실러를 인용하면서, 젊디젊은 실러의 환심을 얻기 위해 변명까지 한다.(『이성의 한계 안에서의 종교』, 1794 〔개정판〕, B10=VI23 참조) 이즈음에서 대세가 낭만주의로 기운다. 그 엄격했던 칸트가 '아름다운 영혼'이니 하는 말을 사용하기 시작한 것이다. 이것은 고전주의자가 쓸 수 있는 말이 아니다. 아름다운 영혼은 낭만주의자들의 언어이다.

그렇다면 왜 세상에 이런 변화가 왔을까? 독일 이상주의자들의 칸트에 대한 최대 불만은 하나의 이성을 두고, 이론이성 따로 실천이성 따로 있는 것처럼 만들어 세계를 자연세계(지상세

『이성의 한계 안에서의 종교』 제2판(1794) 원서 표지

계)와 윤리세계(천상세계)로 나누어놓은 점이었다. '이성'이라면 모름지기 통일의 원리여야지, 그 자신이 분열되어 다툰다는 것이 말이 되느냐는 것이다. 그런데 칸트 자신에게도 이 대목이 늘 마음에 걸렸나 보다. 이를테면 분업을 해야 능률이 난다고 방향을 잡고 나면, 분업하는 사람들 간에 분파가 일어나서 협조가 안 되면 어떡하지 하는 걱정이 따라오는 격이다. 각자는 잘했는데 그것이 모래알처럼 분산되어버리면 안 될 일이다. 따라서 언제나 협업할 수 있는 통일의 원리를 찾아야 한다. 삼권분립을 해서 권력이 분립이 되면 좋은데 이 삼권이 각각 따로 놀면 안 되는 것과 같다. 그럼 어떻게 해야 할까? 이 문제를 어떻게 해결할 것인가를 고민하게 되고, 그래서 통일의 원리를 떠올리게 된다. 칸트도 분리를 해놓고는 통일을 해야 하는 것 아닌가 하는 생각이 들었다. 보통 사람들이 젊을 때는 굉장히 엄격하다 나이가 들면 좀 후해진다. 칸트도 1790년대에 들어서면서부터 눈에 띄게 너그러워졌다. 너그러워졌다는 것은 예전이었으면 하지 않을 일도 한다는 뜻이다. 그 대표적인 예가 이론이성과 실천이성을 잇는 교량의 설치이다.

마음작용 안에서 판단력이 무슨 일을 하기에, 칸트는 판단력을 이론이성과 실천이성, 지성과 이성을 잇는 다리라고 생각했을까?

판단력에 의해서 지성의 법칙 수립과 이성의 법칙 수립이 연결된다. 다시 말하면, 지성에 의해서 자연법칙이 수립되고 이성에 의해서 자유법칙이 수립되는데, 이렇게 수립된 자연세계에 관한 것과 실천세계에 관한 두 법칙이 판단력에 의해서 통일된다. 이로써 자연과 자유가 통일이 된다. 그런데 판단력은 무엇을 가지고 저 두 세계를 통일할 수 있는가? 그것은 다름 아니라, 앞에서 말했던바 『실천이성비판』의 변증학에서 등장했던 '최고선'의 이념에 의거해서다. 최고선이란 무엇인가? 자연세계는 자연의 법칙대로 움직이고 윤리세계는 도덕의 법칙대로 움직이는데, 양자가 합치되려면 자연세계가 윤리의 세계처럼 움직여야 한다. 만약 윤리세계가 자연세계처럼 움직이면 어떻게 될까? 그런 상태는 '윤리세계'란 없다는 것을 말하는 것이다. 그러므로 두 세계가 합치한다는 말이 의미를 얻으려면, 자연세계가 윤리세계인 것처럼 움직이는 경우뿐이다. 도덕은 당위의 법칙대로 움직이고 존재는 존재의 법칙대로 움직이는데 두 가지가 합치하려면, 결국 자연의 세계가 도덕의 세계처럼 움직여야 하는 것이다. 그런 상태가 최고선이다.

가능한 '최고선'

앞에서 『실천이성비판』을 강론하면서 '최고선' 개념을 비판적으로 보았다. 그러나 그것은 최고선의 개념이 칸트의 제1비판서와 제2비판서의 분석학 부분과 조화하기 어렵다는 말을 한 것이고, 실은 선량한 칸트, 아름다운 영혼을 표상하는 칸트의 진심에는 늘 '최고선'의 이념이 중심에 놓여 있는 것으로 보인다. "나는 무엇을 희망해도 좋은가?"의 물음은 이미 젊은 시절의 칸트의 흉중에도 있었던 것이니 말이다.

나의 경우 기독교 성서 중에서 가장 마음에 와닿는 것이 주기도문이다. 주기도문이야말로 성경의 정수라고 생각한다. — "아버지의 뜻이 하늘에서와 같이 땅에서도 이루어지게 하소서."(「마태오복음」 6, 10) 천국이 오로지 저세상에만 있고 이 세상은 언제나 이 모양새라면, 다시 말해 이승과 저승이 따로따로 논다면(존재한다면), 너무 허망하지 않겠는가? 그래서 정말로 신한테 숙원하고 싶은 것은 "아버지의 뜻이 하늘에서와 같이 땅에서도 이루어지게 하소서."가 아니겠는가? 다시 말하면, 이 지상이 천국이 되게 해달라는 것이다. 천국 따로 지상 따로 있게 하지 말고 하나가 되게 해달라는 것이다. 신이 원형적인 선으로 초월해 있지만 말고 그 선이 지상에서 그대로 이루어지게 해달라고 간절히 소망하는 것이다. 이것이야말로 우리가 희망할 수 있는 최선의 세계일 것이다. 칸트도 세계복지를 바랐다. 현실 세계를 보노라면 선 따로 행복 따로인 것이 확연하지만, 내가 진실로 소망하는 것은 덕행에 알맞은 행복이 함께하는 그런 세상을 만드는 일이다. 이것을 소망하고, 이런 희망을 가지고 살려면, 먼저 덕행을 해야 한다. 덕행을 해놓고 나서 덕행에 상응하는 복도 받게 해달라고 기원을 해야 한다. 이것이 칸트의 진심이다. 그렇게 한 후에 내가 무엇을 희망해도 좋으냐 하면 그 희망의 내용이 결국 이 지상이 천국이 되게 해달라는 것이어야 한다.

지상에 세워진 천국, 이것이 칸트가 생각하는 합목적적인 세계이다. 이것은 자연과 자유가 통일될 때에만 기대할 수 있는 상태이다. 자연법칙과 자유법칙이 합치하는 것, 그것이 신의 뜻일 것이고, 그때에 아버지의 뜻이 하늘에서와 같이 땅에서도 이루어질 수 있다. 칸트도 이런 상태를 간절히 바랐고, 그것을 말하고 싶어서 마땅히 규제적 원리로만 사용해야 할 '합목적성' 원리를 마치 구성적 원리인 양 사용하고 있다. 그러나 이러한 합목적성이 관통하는 세계는 그 구성원들이 덕행에 매진해야 하는 세계이므로, 이제 이 원리는 인간의 덕행을 추동하는 이를테면 "주관적-실천적 실재성"(KU, B429=V453)을 가진 것이라 하겠다. — 이런 사상을 펴는 칸트는 참으로 선량하고 생각 깊은 사람이다.

인간은 무엇인가?

이렇게 해서 칸트는 이성 비판을 통해 "인간은 무엇인가?"라는 물음에 철학적으로 답한다. 요컨대, 인간은 세계 인식에서 존재자의 존재를 규정하는 초월적 주관이자, 행위에서 선의 이념을 현실화해야 하는 도덕적 주체이고, 세계의 전체적인 합리성과 합목적성을 요청하고 희망하고 믿는 반성적 존재자이다. 칸트의 이성 비판은 이로써 우리가 과학적 엄밀성을 가지고 발언할 수 있는 것은 인식의 세계, 즉 진리의 세계에 대해서뿐이지만, 인간에게 가치 있는 일은 논리적 사고 활동뿐만 아니라, 아니 오히려 그보다도 더, 도덕적 완전성, 그리고 인간의 이상이 마침내 실현된다는 희망 내지 확신을 가지고 역행(力行)하는 일임을 일깨워준다.

***

[질의응답 1]

질문 '볼게팔렌(Wohlgefallen)'이라는 어휘를 예전에는 '만족'이라고 번역했는데, 이것을 '흡족'이라고 바꾼 특별한 이유가 있는가?

답변 상상력의 자유분방한 표상이 지성의 규칙과 일치하면 쾌감이 생길 수밖에 없는데, 그것은 합목적성이라는 판단력의 자기자율이 작동하여 그 대상에서 흡족함을 느끼기 때문이다. 이러한 문맥에서 나는 독일어 낱말 'Wohlgefallen'을 '흡족'이라고 옮기고, 이 말의 라틴어 낱말 'complacentia'는 한자로 '洽足'으로 바꾸며, 이 라틴어 낱말을 칸트가 간혹 독일어 표기로 'Komplazenz'라고 쓴 경우에는 '흐뭇함'이라고 옮기고 있다. 그러니까 칸트 『판단력비판』에서도 세 용어 사이에 의미상의 차이가 없듯이 한국어 세 번역어도 의미상으로는 똑같다. '흡족=洽足=흐뭇함'이다.

나의 번역어 선택 원칙은 칸트의 서로 다른 독일어(라틴어 포함) 용어는 반드시(정말 불가능한 경우는 어쩔 수 없다 하더라도) 서로 다른 한국어 어휘로 옮기되, 해당 저술뿐만 아니라 칸트의 전 저작 및 칸트와 영향을 주고받은 사상가들의 저작에까지도 통용될 수 있는 어휘로 해야 한다는 것이다.

그런데 이전까지 많은 이들이 'Wohlgefallen'을 '만족(滿足)'이라고 번역하면서 동시에 'Zufriedenheit'를 '만족'이라고 옮겼다. 나는 우선 한국어에 유사한 어휘가 없는 것도 아닌데, 이렇게 무차별적으로 옮김은 적절하지 않다고 보며, 또한 'Wohlgefallen'은 여느 '만족'과는 좀 다른 만족이므로, 그 특수성을 살릴 수 있는 어휘로 바꾸는 것이 합당하다고 생각해서 바꾸었다.

만족이란 욕구가 충족(Befriedigung) 됨이다. 사람들은 욕구가 충족되면 만족한다. 이와 관련된 독일어 어휘 변용을 살펴보면 참 흥미롭다. 'Frieden'은 평화를 뜻한다. 욕구가 다 채워지고 나면 평화롭다. 평화로운 상태가 된다. 욕구가 있을 때는 마음이 불안으로 가득차 있다. 그러다 욕구가 충족이 되면 평화를 얻는다. 그게 'Zufriedenheit(만족)'이다. 평화를 얻는 것, 이것이 만족이다. 그러니까 만족이란 것은 욕구를 전제로 하는 것이다. 물론 흡족도 욕구로 인한 경우가 있다. 그러나 흡족은 욕구와 상관없이도 일어난다. 그러한 흡족의 예를 들면, 내가 장미꽃을 볼 때 느끼는 흡족이다. 또 신이 엿새 동안 세상을 창조하고 나서 나중에 그것을 보고 느낀 감정을 흡족이라고 표현할 수 있다. 보기에 참 좋더라 하고 느끼는 감정이 흡족이다. 내가 장미꽃을 볼 때 무슨 욕구가 있었던 것은 아니다. 그런데 보노라니 엄청 기분이 좋다. 내가 장미꽃을 볼 때 욕구가 있었던 것은 아니었는데, 흡족하다면 그게 목적 없는 합목적성의 작동이다. 내가 욕구가 있었던 게 아닌데 자연물을 보고 흡족함을 느낀 것이다. 물론 내가 모종을 사다가 열심히 길러서 아름다운 꽃이 피면 내가 길렀다는 보람이 있어서 만족스러울 것이다. 아름다운 꽃이 필 것을 기대하고 보고 싶어한 욕구가 있었으니 그렇다. 그런데 옆집 담 너머로 남이 길러놓은 꽃을 봤는데, 아름답다고 느끼면 그것은 흡족한 것이다. 아무런 욕구도 없이 그저 눈길 가는 대로 보았을 뿐이었다. 그때 아무런 욕구가 없었는데 마치 욕구가 충족된 것처럼 충만함을 느낀다. 그것이 (내가 만족과 구분해 사용하는) 흡족, 흐뭇함의 뜻이다. 미적 감정이 그러한 것이다.

그래서 아름다운 것을 보고 감관적 욕정에 사로잡히면 아직 아름다운 것을 제대로 본 것이 아니다. 그러니까 꽃을 보기만 해야지 꺾으면 안 되는 것이다. 그러면(꽃을 꺾으면) 이미 그 흡족한 상태를 벗어난, 이탈이 된다. 있는 그대로 즐거움을 느끼고 있는 것이 아니라 다른 욕심이 작동한 것이다. 미적 감정은 그저 흡족의 쾌감을 말한다.

[질의응답 2]

질문 지금 우리는 칸트에 관해 한국어로 대화하고 있다. 독일어로 생각하고 독일어로 저술한 칸트를 한국어로 읽고 이해하는 데 특별히 유념할 점은 무엇인가?

답변 타인을 제대로 이해한다는 것은 상호 소통이 전제이지만, 남의 말과 남의 글을 제대로 이해하는 일은 같은 언어 사용자들 사이에서도 기대하기 어려운 일이다. 한국인들끼리 한국어로 말하고 한국어로 글을 쓰지만, 이해가 쉬운 일인지 생각해 보라. 이해 어려움의 정도는 어족 차이가 클수록 더 커질 것이 당연하다 하겠다. 비슷한 지성의 소유자라면 칸트의 저술을 독일어와 같은 게르만어족에 속하는 영어를 모국어로 가진 이가 한국어를 모국어로 가진 이보다는 수월하게 해독할 것이다.

그러나 인간은 종족별로 서로 다른 말의 방식(λέξις)을 가지면서도, 인간인 한에서 보편적 이성, 말의 이치(λόγος)를 갖고 있다. 사람이 개별적으로 종족별로 각양각색이지만, 인간이라는 점에서 동일성을 갖듯이, 언어도 발음 방식부터 문장 조성까지 천차만별이지만, 언어를 언어이도록 하는 이치를 공유한다. 한국인이라도 '로고스'로써 칸트를 읽음으로써, '렉시스'의 차이를 극복할 수 있다. 그뿐만 아니라 그 '렉시스'의 차이로 인해 오히려 독일인이라면 잘 분간하지 못할 말의 함축을 더 잘 파악할 수도 있다. 한 언어를 다른 언어로 전환(번역)하는 데서 말의 함축이 상당히 많이 달라질 것이지만, 그것이 모두 손실만을 초래하는 것은 아니다. 그래서 언어의 전환(번역)이 원저에 대한 반역인 것만은 아니다.

오히려 한국어 사용자라서 독일인보다 칸트철학을 더 잘 이해할 수 있는 사례를 하나 들어보겠다.

칸트가 형이상학의 분야에서 한 중요한 기여 중의 하나가 '있다'의 위상을 바꾼 것이다. 칸트의 네 번째 범주가 양태 범주인데, 이것이 바로 '있다'의 범주이다. 이전까지, 가령 아리스토텔레스에서는 '있다'가 범주들의 하나가 아니었다. 아리스토텔레스의 범주에 '있다'는 없다. 그런데 칸트가 '있다'를 범주에 넣었다. 그런데 그 '있다'가 세 방식이다. '있을 수 있다', '실제로 있다', '반드시 있다.' 이처럼 '있다'의 방식이 셋이니까 양태 범주가 셋이다. 양상, 양태라는 것은 존재 양태를 말한다. 그런데 한국어에서는 '있다'와 '이다'가 엄연히 구별된다. 그러니까 존재[있음]와 본질[~임]은 서로 다르다. 그런데 서양 언어에서는 이 구별이 분명하지가 않다. 가령 라틴어 'essentia(본질)'는 'esse(존재)'에서 유래한다. 본질이 존재에서 나오는 것이다. 영어에서는 be동사가 여기에 해당한다. 한국어에서는 구별이 되는데 라틴어나 영어나 독일어에서는 구별이 안 된다. '있다'란 말과 '이다'란 말이 똑같다. 독일어 낱말 'Wesen'은 '본질'이자 '존재자'이다. 한국어로는 잘 구별되는 본질 규정과 존재 규정이 독일어에서는 모호한 경우가 잦다.

이러한 '렉시스'의 차이를 자주 그리고 많이 접하여 숙고하다 보면 오히려 인류 보편의 '로고스'의 지평을 넓혀갈 수 있고, 칸트 독일어 문헌의 한국어로의 전환으로 한국어만이 일방적으로 풍요로워지는 것이 아니라, 독일어의 더욱 섬세한 활용을 촉발할 수도 있다. 두 언어의 소통은 두 언어의 상호 발전과 두 언어 사용자의 지성 향상에 기여한다.

칸트
3비판서의
세계

[종합토론]

서울 양재천변 '칸트의 산책길'에 있는 칸트 좌상

[화제 1]
칸트철학은 왜 자유의 철학인가?

토론　앞서도 말한 바 있지만 칸트의 마음 이론은 전통적인
지·정·의라는 기능 구분에 근거하고 있다. 지(Wissen)는 인식능
력이고, 정(Fühlen)은 쾌·불쾌의 판정능력, 의(Wollen)는 욕구능
력이다. '지'를 성립시키는 능력이 인간의 이론이성이다. 칸트는
이것을 지성이라고도 말한다. 그다음으로 쾌감에 의해 판정하
는 능력이 판단력이다. 의지를 규정하는 능력이 실천이성이다.
칸트는 실천이성만을 이성이라고도 일컫는다.

그런데 이론이성을 이론이성이도록 하는 것이 이 이성의 자
발성(Spontaneität)이다. 칸트는 이성을 법칙수립 능력이라고 한
다. 입법능력을 이성이라고 하는데, 이는 곧 이치를 세우는 능

력이 이성이라는 뜻이다. 원래 한국어 개념 '이성(理性)'은 '자연 본성을 다스림'을 뜻하지만, 칸트의 경우 '이(理)'라고 하는 것은 원리이고, '성(性)'은 본래의 능력이다. 성향, 소질이라 할 수 있다. 본래 갖고 있는 소질, 즉 본성인 것이다. 이치를 세우는 능력, 즉 이치의 능력이 이성이다. 그러니까 이성이라는 것은 이치를 세우는, 다시 말하면 법칙을 세우는 능력이니 입법능력을 말하는 것이다. 인간에게는 자발성이 있다. 이 자발성을 형상화한 것이 범주이다. 인간에게 자발성이 있으니까 범주에서 우리가 '~은 ~이다'라고 판단하여 사물을 규정할 수 있는 것이다. 그런데 인간이 범주에서 이렇게 판단할 수 있는 것은 감각적으로 무엇인가가 주어질 때뿐이다. 그러니까 인간은 공간과 시간상에 나타나서 감각되는 것만 보고 알 수 있다. 공간과 시간상에 나타나지 않는 것을 나는 볼 수 없다. 예를 들어, 사물 자체가 있거나 신이 있다고 해도 그것이 공간과 시간상에 나타나지 않는 한 나는 볼 수 없고 알 수가 없다. 인간의 이성이 자발성을 가지고 있다 하나, 그 자발성의 활동 영역은 감성 세계, 공간·시간 질서가 있는 세계 내로 제한된다.

실천이성을 실천이성이도록 하는 것은 이성의 자율(Autonomie)이다. 이 자율에 의한 것이 도덕법칙이다. 도덕법칙은 이성 표상 곧 이념이다. 정언명령들은 모두 이념이다. 거짓말하지 말라는 것은 이념이다. 이러한 이념으로서의 도덕법칙에 따라서 행위하도록 하는 것이 인간의 순수한 의지이다. 그래서 이 순수한 의지를 자유의지라고도 부르며, 이 의지는 오로지 선을 지향하고 있는 것이므로 선의지라고도 일컫는다. 그러니까 칸트에서는 '순수 의지=자유의지=선의지'라는 등식이 성립한다. 자유의지 자체는 자연세계에 속하는 것이 아닌 하나의 이념이지만, 이 이념의 활동 영역은 자연세계이다. 자유의 힘에 의해 실천이성은 자기의 이념을 자연세계에서 실현할 수 있는 것이다.

그다음으로 반성적 판단력을 하나의 독자적인 마음의 능력이도록 하는 것은 이 판단력의 자기자율(Heautonomie)인데, 이 자기자율의 원리가 합목적성이다. 자기자율이란 내가 스스로 내 주관을 만족시키기 위한 것이다. 예를 들면, "이 장미꽃이 빨갛다."는 것은 하나의 인식판단으로서 객관적 판단이다. 객관적인 것은 대상에 속하는 것이다. 그런데 "이 장미꽃이 아름답다."라고 할 때 아름다움이라는 것은 대상에 속하는 것이 아니다. 그래서 이러한 취미판단은 주관적이다. 장미라는 꽃은 향기가 나고, 빨갛고, 둥근 모양을 갖고 있다. 그런데 아름다움이라는 것은 그러한 장미의 성질이 아니다. 아름다움이란 것은 나와 장미가 만났을 때 내가 장미에서 느낀 것이다. 아름다움이라는 것은 순전히 주관적이라는 말이다. 그렇기 때문에 합목적성이란 것은 대상이 이러저러할 때 나로 하여금 아름다움을 느끼지 않을 수 없게 나를 규제하는 원리이다. 그래서 나의 자기자율이다.

나 자신을 규제하는 원리인 것이다. 예를 들어, '빨갛다'는 대상을 규정하는 것이다. "이 책상은 사각형이다."라고 내가 판단하면 이 책상이 사각형인 것이다. 그런데 "이 장미꽃이 아름답다."라고 하면 그것은 장미꽃을 규정하는 게 아니라, 내가 그렇게 느끼도록 나를 규정하는 것이다.

칸트의 철학을 자유의 철학, 자율의 철학이라고 하는 것은 그의 철학이 인간 의식의 자발성, 자율, 자기자율을 추궁함으로써 인간의 본질이 자유임을 해명해냈기 때문이다.

이미 2세기도 더 지났는데도 여전히 칸트철학이 주목받고 있는 이유가 바로 여기에 있다. 칸트는 인간을 존재자의 최고 경지에 올려놓았다. 그런데 칸트는 인간을 천상에 매달아놓은 것이 아니다. 철저하게 그 동물성에서 본다. 고대 그리스 철학 등, 많은 철학은 인간을 동물 위에 올려놓았지만, 칸트는 철저하게 인간이 동물이라는 전제하에서 인간을 최고의 위치에 올려놓았다. 동물 중에 최고가 인간이다. 그것도 동물이기 때문에 최고이다. 만약 인간이 동물이 아니면 욕구도 없을 테고 자기 유한의식도 없고 죽음도 없고 즐거움도 없고 쾌락도 없을 것이다. 동물이 아닌데 쾌락이 어디 있겠는가? 기쁨도 없고 슬픔도 없고 정을 나누는 일도 없을 것이다. 이런 것들은 모두 동물이기 때문에 있는 일들이다. 그리고 숭고하다는 것도 없다. 숭고하다는 것은 동물이라서 할 수 없는데도 무언가를 하니까 숭고한 것이다. 자기를 극복해내니까 대단한 것이다. 동물이면 할 수 없어야 하는데 해내서 대단한 것이다. 그래서 사람이 대단한 것이다. 사람이 엄청나게 뛰어나서 대단한 게 아니라, 한낱 동물인 것이 자기를 극복해내니 대단한 것이다. 그러한 대단함의 원동력이 자유이다. 인간의 위대함은 동물이면서도 자유롭기 때문이다. 동물이면서도 동물성을 극복할 힘을 가지고 있기 때문이다.

자연은 자유롭지가 않다. 자연에 있는 것은 모두 필연적이다. 인간도 동물이니까 자연물이다. 당연히 인간의 일들도 모두 필연적으로 일어난다. 그것 때문에 그렇고, 이것 때문에 이렇고, 저것 때문에 저렇기 마련이다. 그런데도 인간은 반드시 그렇게 하지 않는다. 프로그램되어 있지도 않다. 기계처럼 프로그램된 것이 아니다. 그리고 여느 자연 사물처럼 필연적인 인과 연쇄 고리로 있지만 그것을 스스로 끊어낼 수 있는 힘이 있다. 그것이 자유이다. 그 자유가 그 연쇄 고리 안에 있기 때문에 위대하다. 연쇄 고리가 없으면 자유라는 말의 의미 자체가 없다. 제약과 속박이 없는데, 자유가 무슨 의미를 갖겠는가?

인간의 자유, 이 특성은, 앞으로 인공지능 시대가 도래하면, 더욱더 뚜렷하게 실로 인간이 얼마나 위대한지를 알 수 있게 해줄 것이다. 많은 사람들이 인공지능 시대가 오면 인간이 왜소해질 것이라 우려하지만, 한낱 인공적 지능과 지성을 갖춘 인간의 차이는 더욱더 뚜렷해질 것이고, 오히려 인간이 오로지 프로그램화되어 있지 않기 때문에 얼마나 위대한가를 알 수 있을 것이라고 본다. 그 위대함의 원천이 자율성이다. 칸트는 이 자율성, 자유를 인간의 본질로 파악하고, 그의 인간론을 폈다. 칸트의 이 인간론은 당대에도 그랬지만 현대와 미래의 인간 사회에서도 인간 존엄성의 밑받침이 될 것이다.

[화제 2]

칸트철학은 주관주의 철학인가?

토론 앞선 화제 1의 토론에서 칸트의 이론이성 곧 인식하는 지성의 특성이 자발성이라고 했다. 그런데 이 자발성이 어디에서 활동하느냐 하면 바로 감각표상들을 종합 통일하는 것에서이다. 지성은 자기의 개념들인 범주에서 주어지는 감각표상을 종합 통일하여 하나의 대상으로 규정한다. 이러한 규정에서 하나의 대상이 생기고, 이렇게 생긴 대상들의 총합이 자연세계이다. 그러니까 자연세계는 대상들의 세계이다. 그런데 '대상'이란 그것을 규정하는 주체, 주관에 마주해 있는 것이다. 주관이 없는 곳에는 대상이란 것이 없다. 자연세계를 이렇게 설명하는 것이 주관주의라면, 칸트는 전형적인 주관주의 철학자이다.

칸트의 후배들 중 누구는 칸트철학을 주관주의 철학이라고 비난했는데, 나로서는 누구의 철학이 '주관주의'라고 해서 그것이 비난을 받을 일인지 그 이유를 모르겠다. 그러면 반대로 '객관주의' 철학은 칭찬받을 만한 것인가?

　내 개념으로 칸트철학은 명백한 주관주의 철학이다. 그에 비해 플라톤 철학이나 기독교 철학은 객관주의 철학이다. 이렇게 누구의 철학을 주관주의니 객관주의니 하고 분간하려면, 먼저 '객관'의 뜻을 정확히 해야 할 것 같다.

　'객관(客觀)'이라 할 때 '객(客)'은 손님, 곧 제3자 또는 나나 우리가 아닌 국외자를 말하니, '객관'이란 나나 우리가 아닌 타자의 관점, 우리=인간일 경우에는 더 나아가 인간이 아닌 자의 관점이나 입장 또는 지위를 뜻한다. 플라톤은 존재자의 관점에서 말하고, 기독교는 신의 관점에서 말하니 이것들이 전형적인 객관주의 철학이다. 칸트는 '나'를 주체로 놓고 존재세계든 당위세계든 세계를 바라보니 주관주의자이다. 그런데 칸트의 '나'는 경험적인 '나', 예컨대 김 아무개, 이 아무개를 지칭하는 것이 아니라, 누가 되었든 '나'라고 하는 자, 그러니까 '나' 일반을 지칭하는 것이니, 만약 누가 보편타당성을 '언제 누구에게나 타당함'이라고 이해하고, 이런 보편타당함을 내세우는 관점을 객관주의라고 일컫는다면, 칸트는 당연히 객관주의자이다. 그러나 이런 의미의 '객관주의'는 실은 '객관'을 왜곡한 것이다. 자기들의 관점을 객관으로 위장하는 것이기 때문에, '주관주의'의 뜻을 오해한 나머지, 이 말을 피하기 위해, '상호주관성'이니 '서로주체성'이니 하는 말들을 사용하기도 하는데, 이 역시 개념을 혼동하여 쓰는 것이다. 여기서 '주관성'이나 '주체성'이 인간이나 인간 의식에 귀속되는 한, 그 앞에 '상호'가 붙든 '서로'가 붙든 주관주의를 표명하는 것인 데다가, '상호'나 '서로'는 이미 복수를 전제로 하는 것이니, 거기에 함축되어 있는 주관성은 이미 보편적인 것이 아님을 말한다. 그러니까 그것은 결국 경험적 주관이나 주체들을 지칭하는 것인데, 경험적 주관이나 주체가 논의의 장에 들어오면 그 논의는 사회과학적이 된다. 철학은 순전히 보편적 발언만 하는 것이고, 그렇게 이해했기 때문에 칸트는 그 보편성을 담보하는 선험적 원리를 찾을 수 없는 영역에서는 철학적 논의를 할 수 없다고 보았던 것이다. 칸트의 주관주의는 인식의 보편성, 도덕의 보편성, 미적 쾌감의 보편성을 주관의 자발성, 자율, 자기자율에 근거해서 설명하는 철학이다. 철학자 치고, 누가 자기가 펴는 주장이 자연인 '나'에게만 타당하다는 의미에서의 주관성을 내세우겠는가? 자기에게만 타당할 주장을 뭐 하러 남들 앞에서 펼쳐내겠는가? 그런 의미의 '주관주의'는 철학의 논의거리가 아니다.

근대에 와서 '주관주의' 철학이 등장한 것은, 세계의 중심에 '인간 주체'가 들어섰기 때문이다. 그러니까 칸트에서 보듯 주관주의는 인간(중심)주의를 말한다. 여기서 '나', '주관'이란 인간의 대표 단수이니, 이 '나'의 관점은 실은 인간의 보편적 관점을 말한다. 이런 의미의 주관주의에 반대되는 관점인 객관주의는 자연주의나 신중심주의로, 세계는 자연을 중심에 놓고서 또는 신을 중심에 놓고서 보아야 한다는 것이다. 그것은 인간이 아닌 제3자 곧 자연이나 신의 관점이라는 의미에서 객관주의이다. 그리고 이러한 관점에서의 세계는 인간과는 독립적이니, 다시 말해 인간이 의식하든 말든 그 자체로 존립할 것이니, 이런 것을 '실재'라고 지칭한다면, 이런 객관주의는 곧장 실재론이 된다. 반면에 주관주의 관점에서 세계는 인간 주관에 의거해 있는 것이니, 주관 의존적이다. 세계는 그 자체로 있는 것이 아니라 주관에 의존해 있다는 생각을 관념론이라고 한다면, 그래서 주관주의는 곧장 관념론이 된다.

칸트는 전형적인 주관주의자이자 관념론자이다. 그러나 예나 지금이나 '주관주의'나 '관념론'은 많은 곡해를 받기 때문에, 처음에는 칸트 자신 관념론자임을 자처했다가, 나중에는 '비판적 관념론'이니 '형식적 관념론'이니 하여 자기의 관념론을 차별화했다가, 그래도 '관념론'이 남아 있으면 곡해가 끊이지 않을 것 같으니까 아예 '경험적 실재론'을 표방하고 있으나, 그렇다고 칸트의 주의주장이 바뀐 것은 없다.

오늘날도 많은 사람들이 '주관주의'와 '객관주의'를 오해하여 오히려 개념을 뒤바꿔 사용하기도 한다. 객관주의는 기본적으로 손님이 위주이고, 주관주의는 주인이 위주임을 내세우는 주의주장이다. 그런데 객관주의가 옳음을 주장하면서 손님 이야기는 들어볼 생각도 하지 않고, 자기 주장만 줄곧 펼치는 사람이 있다.

사람들의 행태를 보면 참으로 이론과 실제가 동떨어지는 경우가 많다. 진리 논쟁이 일어나면, 여기 모인 사람 100명이 하나같이 그렇다고 하면 그런 것이 된다. 혹시 99명은 의견이 같고 1명만이 의견이 다르면, 같은 의견을 가진 99명이 네가 뭔데 혼자서 '고집'을 피우냐고 이견을 가진 1명을 몰아세운다. 대체 진리가 다수결로 정해진다는 말인가? 자칫 "1"이라고 답한 한 반 학생 30명 전원을 정답은 "3"이라면서 0점 처리한 수학 선생님이 다수결로 파면당할 상황이다. 지금 유행은 이른바 '상호주관성', '서로주체성'이다. 그러니까 만장일치면 그 생각이 진리의 표상이고, 정의의 표상이다. 그런데 현실에서 만장일치는 보기 드물다. 그러니까 다수결이 전가의 보도 역할을 한다. 정치적 사안에 관해서나 어쩔 수 없이 통용될 방식이 모든 문화 영역에서 통용된다. 어느 분야에서나 전문가로 나서다가는 웃음거리가 되기 십상이다. 각자 자기를 '나'라고 부르면서, '나'는 어디서나 '주체'이고, 주체로서 대등한 권리(지혜, 식견, 감성)를 가졌으니, 많은 '나들'이 적은 '나들'보다는 낫다고 나선다. 더 많은 '나'들이 합세하면 진리도 만들어지고 정의도 만들어지는 것이다. 지금의 세태가 이러하다. 현재는 왜곡된 주관주의의 시대이다.

칸트가 주관주의 편에 섰을 때는 종래의 '객관주의'의 문제점이 너무 크게 나타났다. "인간들 너희들이 아무리 그렇게 봐도 나는 그렇게 안 본다." 신이 이렇게 한 마디 하면 그것으로 끝이다. 그런데 그 말을 실제로는 신을 대신한다는 어떤 사람이 한다. 이것이 객관주의의 실상이다. 객관이란 제3자가 보는 것이다. 사람을 뺀 제3자가 곧 신이다. 그래서 칸트의 '사물 자체(Ding an sich)' ― 그런데 'Ding'은 '사물'로 옮기면서도, 'Ding an sich'는 '사물 자체'라고 하지 않고 여전히 '물자체(物自體)'라고 말하는 사람이 있다. 왜 그럴까? ― 란 말은 '그 자체로 있는 사물'이라는 뜻이다. 그 자체로 있다는 것은 인간이 보든 안 보든 있다는 말이다. 그것을 누구의 관점에서 알 수 있나? 신의 관점에서 알 수 있다. 그러니까 '사물 자체(Ding an sich)'란 '신이 보기에 그러한 사물'을 말한다. 사람과 관계없이, 사람이 보든 말든 그 자체로 있는 사물, 곧 신이 보는 사물이 사물 자체이다. 그래서 칸트는 '사물 자체(Ding an sich)'라는 말의 사용을 어떻게든 피해보려고 무진 애를 썼다. 왜냐하면 말로는 '신이 보기에'라 하면서 결국은 너의 관점을 피력하는 것이 아니냐 할 것이기 때문이다. 많은 사람들이 분노에 차면 "신이 너를 용서 안 할 거야!" 하고 외치면서, 실은 자기의 분노를 표출한다. 지금 자기 감정을 자기가 토로하고 있지 않은가. "아, 신의 관점에서는 안 그래."라고 말해도, 사실은 자기 관점의 표출이다. 사람이 어떻게 신의 관점을 대변하나? 기껏해야 또 다른 자기의 관점을 내놓을 뿐이다. 그래서 칸트는 '사물 자체'를 더 이상 논의에 끌어들이지 말자고 한다. 이야기를 할수록 더 깊은 수렁에 빠지니까, 그만 발언 중지하고 'X'로 두자고 한 것이다. 칸트도 얼마나 알고 싶었겠는가? 다만 말하면 할수록 수렁에 빠지니까 여기서 그만하자고 한 것이다. 그런데 '사물 자체(Ding an sich)', 그것이 객관 자체인데, 그것을 제쳐두고, 그것의 '현상'만을 말한다고 칸트를 '주관주의자'라고 비난한다면, 그렇게 비난하는 사람은 자신이 신이라도 되겠다는 것인가?

칸트의 철학적 사변의 수준은 이렇다. 세상은 내 두 눈으로 본다. 그런데 인간의 눈이 하필이면 두 개일까? 누가 이렇게 물으면 논의가 어디로 갈지 모른다. 그래서 칸트는 일단 사람은 눈이 두 개 있고, 그 두 개로 세상을 보니까 눈 둘이 없으면 세상을 못 본다. 그러니까 세상은 뭐냐면, 이 눈 두 개의 시야에 들어온 것이다. 그런데 어찌하여 눈이 하필이면 두 개일까? 어디서 나왔을까? 물론 이것도 탐구 대상이 되겠지만, 칸트는 그 물음은 접어둔다. 아마 속으로는 계속했을 것 같다. 그러나 해봐야 끝이 없을 테니 끊어버린 것이다. 거기까지 가면 옛날의 의미로 초월이 되어버리니 그만둔 것이다. 왜 감성의 형식이 하필 둘이며, 왜 범주로 기능하는 순수 지성개념은 4종 12개인가? 2종 10개가 아닌가? 이런 물음을 경험과학적으로, 또는 신학적으로 계속 물을 수 있겠지만, 칸트는 그의 이성비판에서는 남겨놓고 있는 것이다. 주관주의가 임의로 무엇을 지어내는 것도, 친구들과 편을 만들어 대세로 몰아붙이는 것도 아니니, 답할 수 없는 물음에 대해서는 침묵하고 있는 것이다.

주관주의란 인간중심주의를 뜻하지만, 실상 그것은 세계에 대한 사려 깊고 겸손한 생각이다. 칸트의 주관주의 철학은 인간의 주체성과 그에 기초한 인간의 존엄성을 연역하면서도 결코 월권하지 않는 품위와 품격의 표상이다.

[화제 3]

칸트에서 '코페르니쿠스적 전환'의 의미는?

토론 '코페르니쿠스적 전환'이란 칸트 초월철학의 요체를 가장 잘 드러낸 사고방식의 혁명을 말한다. 종래의 실재론의 관점에서 존재자는 우리 인간 의식과 무관하게 인간 의식 너머에, 그러니까 초월적으로 존재하는 것으로 여겨졌다. 그래서 칸트는 이런 관점을 "초월적 실재론"이라고 일컫는다. 그러나 칸트는 이러한 주장은 근거가 없다고 생각한다. 도대체 당신이 어떻게 어떤 것이 '인간 의식과 무관하게 인간 의식 너머에 그 자체로 존재하는 것인가'를 아는가? 기껏해야 사람이 알 수 있는 것은 '내가 아는 한, 저것은 나와는 무관하게 그 자체로 있는 것'이라는 정도이다. 그러니까 설령 '그 자체로 있는 것'이라 하더라도, '내가 그렇게 인식하는 한'이라는 조건 아래서만 그렇다는 것이다. 그러니까 '나'라는 인식 주관을 전제하지 않고서는 어떠한 앎도 말할 수 없고, 그러므로 세계는 오로지 이러한 나의 앎의 대상으로서 있는 것이다. 존재자란 인간 의식에 초월해 있는 것이 아니다. 인간 의식이 대상으로 넘어 들어가 그것을 파악하는 것이니까, 인간 의식이 초월하는 활동을 하는 것이다. 이로써 '초월'의 의미에도 전환이 생겼다.

이 초월의 의미 전환은 인식론적으로뿐만 아니라, 존재론적으로도 혁명적이다.

이전까지 사람들은 세계를 서술하면서 존재자(ens)나 사물(res)이라는 말을 썼다. 칸트도 더러는 존재자(Wesen)니 사물(Ding)이니 하는 말을 쓴다. 그러나 정작 그에게 지식은 대상 인식뿐이다. 인간 의식 곧 주관의 짝은 존재자나 사물이 아니라 대상(Gegenstand)이다. 자기를 주(主)로 놓으니까 나머지는 다 대상(對象)인 것이다. 다 객(客), 객체(客體)이다. 그러니까 주가 없으면 객도 없다. 그래서 주객은 늘 함께 있다. 다만 주는 주로 있고 객은 객으로 있다. 여기서 코페르니쿠스적 전환이란 지금까지는 주의 자리에 있던 것이 존재자나 사물이었는데, 그 자리에 인간의 의식을 놓아보자는 사고방식의 변경을 뜻하는 것이다. "이 책상이 딱딱하다." 여기서는 '이 책상'이라는 사물이 주(subiectum)이다. 이러한 세계 서술에서 늘 주의 자리에 있는 것은 모두 존재자였고 사물이었다. 그런데 이제 칸트에게 '이 책상'은 객(obiectum)인 것이다. 그러면 주는 무엇이며, 그것은 어디에 있는가? "이 책상이 딱딱하다."고 인식하는 자가 주(subiectum)이다. 이러한 인식을 하는 자가 바탕에 놓여 있는 것, 기체(基體, substratum)이다. 이로써 이제까지 주로 여겨졌던 존재자나 사물은 객으로 바뀐다. 이러한 주객의 전도가 코페르니쿠스적 전환이다.

존재자가 대상으로 바뀌었다. 그런데 대상이라는 것은 무엇에 마주서 있는 것이니까 마주서 보는 자가 있을 것 아니겠는가? 그것이 주관(主觀)이다. 주관은 인식의 밑바탕에 있다. 밑바탕에 놓여 있는 것을 기체(基體)라고 한다. 밑바탕에 놓여 있는 주관 위에서 세계가 펼쳐진다. 이렇게 펼쳐진 세계 내의 사물들은 모두 대상이니 결국 주관 의존적이 된다. 주관을 빼버리면 다 무너진다. 아무 관계도 없는, 무의미한 것이 된다. 그래서 주관이 하는 일을 존재에게 의미를 부여하는 일이라고 한다. 인식이란 대상세계에 대한 존재의미 부여 활동이다. 칸트의 의식의 초월작용은 존재의미 부여 작용이다.

앞에서도 말한 바 있지만, 우리는 존재 세계 자체가 무엇인지 모른다. 그런데 무엇인가가 우리 감성을 촉발하여 갖가지 소재가 주어질 때, 그것이 무엇일까 알고자 하는 내가, "너(b), 너(k), 너(o), 너(o) 이리 모여 지정 순서대로 앉아봐." 하고서, 'book'

으로 종합 통일하면, 그 소재들은 '책'이라는 의미를 얻는다. 나의 인식 주관이 b, k, o, o 라는 소재를 만들어내는 것은 아니지만, 그것들을 모아 배열 정리하고 종합 통일함으로써 하나의 의미 있는 대상으로 만드는 것이다. 그래서 칸트는 우리 인식 주관을 '절반쯤 창조자'라고 한다. b, k, o, o까지를 모두 만들어냈다면, 그것은 세계를 인식하는 것이 아니라, 세계를 창조하는 것이다. 그러니까 인식 주관이 세계의 창조자는 아니지만, 의미 부여자라는 뜻에서 주관이고, 대상은 인식 주관의 피조물이 아니라, 규정된 것이다. 그러므로 코페르니쿠스적 전환이란 이전까지의 '주'와 '객'의 위치를 서로 바꿔보는 것을 뜻하며, 이는 존재자와 인간 의식의 관계 변경을 지구 중심의 천동설이 태양 중심의 지동설로 전환된 것에 비유한 것이다.

칸트가 기도한 코페르니쿠스적 전환은 세계를 새로운 눈으로 해독하자는 발상의 전환으로서, 지식세계에서는 인간에게 주인의 지위를 수여하지만, 그 권한을 자연의 나라에 국한시킴으로써, 인간으로 하여금 지식 너머의 덕의 나라에서 이상과 이념을 궁리(窮理)하게 한다. 칸트철학은 과학의 시대에서도 엄격한 자기비판에 기초하여 입법적 이성의 권능을 신장해나갈 길을 닦는다. 많은 이들이 그 길을 함께 닦으려고 오늘도 나선다. 이 자리에 있는 우리들처럼.

참고문헌
_{∞∞∞∞∞∞∞∞∞∞}

백종현, 『존재와 진리-칸트 《순수이성비판》의 근본문제』, 철학과현실사, 2008(전정판).
———, 『칸트와 헤겔의 철학』, 아카넷, 2010.
———, 『칸트 이성철학 9서5제』, 아카넷, 2012.
———, 『이성의 역사』, 아카넷, 2017.
———, 「칸트철학에서 '선험적'과 '초월적'의 개념 그리고 번역어 문제」, 수록: 한국칸트학회 편, 《칸트연구》, 제25집, 2010. 6, 1~28면; 재수록: 백종현 역, 『형이상학 서설』, 아카넷, 2012, [덧붙임 2]
———(편), 『동아시아의 칸트철학』, 아카넷, 2014.
牧野英二 編, 『東アジアの カント 哲学』, 法政大學出版局, 2015.
李明輝 編, 『康德哲學在東亞』, 國立臺灣大學出版中心, 2016.

Kant, *Kant's gesammelte Schriften*[AA], hrsg. v. der Kgl. Preußischen Akademie der Wissenschaft // v. der Deutschen Akademie der Wissenschaft zu Berlin // v. der Akademie der Wissenschaften zu Göttingen // v. der Berlin-Brandenburgischen Akademie der Wissenschaften, Bde. 1~29, Berlin 1900~2009.
이 가운데 특히
『순수이성비판』: *Kritik der reinen Vernunft*[KrV], AA III~IV(백종현 역, 아카넷, 2006).

『형이상학 서설』: *Prolegomena zu einer jeden künftigen Metaphysik, die als Wissenschaft wird auftreten können*[Prol], AA IV(백종현 역, 아카넷, 2012).

『실천이성비판』: *Kritik der praktischen Vernunft*[KpV], AA V(백종현 역, 아카넷, 개정판 2009).

『윤리형이상학 정초』: *Grundlegung zur Metaphysik der Sitten*[GMS], AA IV(백종현 역, 아카넷, 2018개정2판).

『윤리형이상학』: *Die Metaphysik der Sitten*[MS], AA VI(백종현 역, 아카넷, 2012).

『법이론의 형이상학적 기초원리』/『법이론』: *Metaphysische Anfangsgründe der Rechtslehre*[RL].

『덕이론의 형이상학적 기초원리』/『덕이론』: *Metaphysische Anfangsgründe der Tugendlehre*[TL].

『판단력비판』: *Kritik der Urteilskraft*[KU], AA V(백종현 역, 아카넷, 2009).

「판단력비판 제1서론」 *Erste Einleitung in die Kritik der Urteilskraft* [EEKU], AA XX(백종현 역, 아카넷, 2009).

『이성의 한계 안에서의 종교』: *Die Religion innerhalb der Grenzen der bloßen Vernunft*[RGV], AA VI(백종현 역, 아카넷, 2011).

『영원한 평화』: *Zum ewigen Frieden*[ZeF], AA VIII(백종현 역, 아카넷, 2013).

『실용적 관점에서의 인간학』: *Anthropologie in pragmatischer Hinsicht*[Anth], AA VII(백종현 역, 아카넷, 2014).

『교육학』: *Immanuel Kant über Pädagogik*[Päd], AA IX(백종현 역, 아카넷, 2018).

『논리학』: *Immanuel Kant's Logik. Ein Handbuch zu Vorlesungen*[Log]. AA IX.

Borowski, L. E. / R. B. Jachmann / A. Ch. Wasianski, *Immanuel Kant - Sein Leben in Darstellungen von Zeitgenossen*, Berlin 1912.

Vorländer, K., *Immanuel Kant − Der Mann und das Werk*, Hamburg
  ²1977.

《성서》

『주역(周易)』

『논어(論語)』

『목민심서(牧民心書)』(1818)

「사자 소학(四字小學)」

Aristoteles, *Ethica Nicomachea*, ed. by I. Bywater, Oxford 1979: 김재
  홍·강상진·이창우 역,『니코마코스 윤리학』, 길, 2011(개정판).

──, *Metaphysica*, Griechisch−deutsche Parallelausg., 2 Bde., übers.
  v. H. Bonitz, Hamburg 1978/80: 김진성 역,『형이상학』, 이제이북스,
  2007.

──, *Categoriae // Liber de Interpretatione*, Oxford 1949.

Augustinus, *De civitate dei* : 성염 역,『신국론』(전3권), 분도출판사, 2004.

Thomas Aquinas, *Quaestiones disp.−De veritate* : ed. by R. Spiazzt,
  Roma 1953.

──, *Summa Theologiae*, Biblioteca de autores cristianos, Madrid 1978:
  정의채 (외) 역,『신학대전』, 성바오로출판사/바오로딸, 1985 이하.

Locke, *An Essay concerning Human Understanding*(London 1690), ed.
  by A. C. Fraser, New York 1959: 정병훈·이재영·양선숙 역,『인간지성
  론 1·2』, 한길사, 2014.

Berkeley, *A Treatise Concerning the Principles of Human
  Knowledge*(Dublin 1710~1734) & *Three Dialogues between Hylas
  and Philonous*, introd. by G. J. Warnock, Cleveland and N. Y. 1963:
  문성화 역,『인간 지식의 원리론』, 계명대학교출판부, 2010.

Hume, *A Treatise of Human Nature*(London 1739/1740), ed. by (L. A.

Selby—Bigge) / P. H. Nidditch, Oxford 1978.

Jacobi, F. H., "David Hume über den Glauben; oder Realismus und Idealismus. Ein Gespräch", in: *Werke* Bd. II, Leipzig 1815. 복간본: Darmstadt 1976.

Carnap, R., "Truth and Confirmation", in: *Readings in Philosophical Analysis*, ed. by H. Feigl/W. Sellars, N. Y. 1949.

백종현白琮鉉

서울대학교 명예교수. 한국포스트휴먼연구소 소장.

서울대학교 철학과에서 학사·석사 과정 후 독일 프라이부르크 대학에서 철학박사
학위를 받았다. 인하대·서울대 철학과 교수, 서울대 철학사상연구소 소장, 서울대 인
문학연구원 원장, 한국칸트학회 회장, 한국철학회『철학』편집인·철학용어정비위원
장·회장 겸 이사장, 한국포스트휴먼학회 회장을 역임하였다.

주요 논문으로는 "Universality and Relativity of Culture"(*Humanitas Asiatica*,
1, Seoul 2000), "Kant's Theory of Transcendental Truth as Ontology"(*Kant-
Studien*, 96, Berlin & New York 2005), "Reality and Knowledge"(*Philosophy
and Culture*, 3, Seoul 2008) 등이 있으며, 주요 저서로는 *Phänomenologische
Untersuchung zum Gegenstandsbegriff in Kants "Kritik der reinen Vernunft"*
(Frankfurt/M. & New York 1985),『독일철학과 20세기 한국의 철학』(1998/증
보판 2000),『존재와 진리—칸트〈순수이성비판〉의 근본 문제』(2000/2003/전정
판 2008),『서양근대철학』(2001/증보판 2003),『현대한국사회의 철학적 문제: 윤
리 개념의 형성』(2003),『현대한국사회의 철학적 문제: 사회 운영 원리』(2004),『철
학의 개념과 주요 문제』(2007),『시대와의 대화: 칸트와 헤겔의 철학』(2010/개정
판 2017),『칸트 이성철학 9서5제』(2012),『동아시아의 칸트철학』(편저, 2014),『한
국 칸트철학 소사전』(2015),『포스트휴먼 시대의 휴먼』(공저, 2016),『이성의 역
사』(2017),『제4차 산업혁명과 새로운 사회 윤리』(공저, 2017),『인공지능과 새로
운 규범』(공저, 2018),『인간이란 무엇인가—칸트 3대 비판서 특강』(2018),『포스
트휴먼 사회와 새로운 규범』(공저, 2019),『한국 칸트사전』(2019),『인간은 무엇이
어야 하는가—포스트휴먼 시대, 인간을 다시 묻다』(2021) 등이 있고, 역서로는『칸
트 비판철학의 형성과정과 체계』(F. 카울바흐, 1992)/『임마누엘 칸트—생애와 철
학체계』(2019),『실천이성비판』(칸트, 2002/개정2판 2019),『윤리형이상학 정초』
(칸트, 2005/개정2판 2018),『순수이성비판 1·2』(칸트, 2006),『판단력비판』(칸트,
2009),『이성의 한계 안에서의 종교』(칸트, 2011/개정판 2015),『윤리형이상학』(칸
트, 2012),『형이상학 서설』(칸트, 2012),『영원한 평화』(칸트, 2013),『실용적 관점
에서의 인간학』(칸트, 2014),『교육학』(칸트, 2018),『유작 I.1·I.2』(칸트, 2020),『학
부들의 다툼』(칸트, 2021),『유작 II』(칸트, 2022) 등이 있다.

인간이란 무엇인가

1판 1쇄 펴냄 | 2018년 11월 20일
1판 5쇄 펴냄 | 2024년 3월 15일

지은이 백종현
펴낸이 김정호
펴낸곳 아카넷

출판등록 2000년 1월 24일(제406-2000-000012호)
10881 경기도 파주시 회동길 445-3
전화 031-955-9510(편집) · 031-955-9514(주문)
팩시밀리 031-955-9519

www.acanet.co.kr

철학, 서양철학, 독일철학, 칸트 KDC 165.2

Printed in Paju, Korea.

ISBN 978-89-5733-612-0 (03100)